Les partis politiques

Élections et problèmes de société

Dossier édité par
Richard Batz et Walther Fekl

La France actuelle
Textes et documents pour servir à l'étude de la civilisation
Herausgeber: Prof. Dr. Herbert Christ
Redaktion: Alfred Prédhumeau
Layout und Umschlaggestaltung: Bernd Lenzner

1. Auflage 1990

© 1990 Cornelsen Verlag, Berlin

Das Werk und seine Teile sind urheberrechtlich geschützt.
Jede Verwertung in anderen als den gesetzlich zugelassenen Fällen
bedarf deshalb der vorherigen schriftlichen Einwilligung des Verlages.

Satz: Fotosatz Gleißberg & Wittstock, Berlin
Lithos: Meisenbach Riffarth & Co., Berlin
Druck: Fürst & Sohn, Berlin

ISBN 3-464-00474-0

Vertrieb: Cornelsen Verlagsgesellschaft, Bielefeld

Bestellnummer 4740

Inhaltsverzeichnis

    Einleitung — 6

I Les partis politiques et les élections législatives de mars 1986 — 8

A La campagne électorale — 8

1. **Politique et images: de la publicité commerciale à la caricature politique** — 8
2. **Les listes en compétition. Exemple: le département du Rhône** — 10
   Législatives: quatorze listes officielles pour le 16 mars — 10
3. **Scrutin majoritaire ou représentation proportionnelle** — 11
   Le scrutin majoritaire — 11
   Les injustices du scrutin majoritaire — 11
   Scrutin proportionnel: petit guide pour ne pas voter complètement idiot — 12
4. **Les professions de foi: R. Barre et Ch. Hernu** — 14
5. **Un parti pas comme les autres: le Front national** — 18
   Un tract du Front national — 18
   Plus jamais ça! — 19
6. **La campagne par les affiches: Barre, Hernu, PS, équipe Chirac** — 20
7. **La campagne électorale à l'heure des nouveaux médias** — 21
   Les questions/réponses des candidats — 21
8. **La publicité et les résultats des élections: Le Tanneur, Ikea** — 22

B La mise en place de la cohabitation — 24

1. **La cohabitation: situation inédite sous la Ve République** — 24
2. **Bases constitutionnelles de la cohabitation** — 25
   Le président de la République... — 25
   ... et le gouvernement — 26
3. **La cohabitation dans l'opinion publique** — 26
4. **Le «Bréviaire de la cohabitation» de Maurice Duverger** — 27
   La foi et les risques — 27
5. **Les résultats des élections législatives** — 29
   Les résultats — 29
   Un jeu politique ouvert — 30
   Le Pen s'enracine — 31
   Barre: La traversée du désert commence à Lyon — 32
   La une des journaux — 34
   À chaud, les réactions — 36
   La déclaration de F. Mitterrand à la télévision — 37
   La mise en place du nouveau gouvernement — 38

II Partis politiques et problèmes de société 1986-1988   39

A Problèmes de l'immigration   39

1. **Application de la loi!**   39
   Le départ forcé de cent un Maliens vers Bamako   39
2. **«Avis aux étrangers»**   40
3. **Le projet de loi sur la nationalité**   41
   «Être Français, ce n'est pas rien»   41
4. **Un serment ne prouve rien**   42
5. **Code de la nationalité, suite et fin**   43

B La nouvelle majorité face à la contestation étudiante et lycéenne   44

1. **Les trois points noirs du projet Devaquet**   44
   La sélection
   Les droits d'inscription
   Les diplômes
2. **Le film des événements**   45
3. **Étudiants: le réveil en sursaut**   46
4. **Qui manipule qui?**   47
5. **«L'imagination au pouvoir»: quelques slogans, chansons et banderoles**   48
6. **Le monôme des zombis**   50
7. **Bilan d'une grève**   51

C La politique de privatisation   53

1. **Privatisations: aux actions, citoyens!**   53
2. **Saint-Gobain: 1.200.000 actionnaires**   55
3. **Paribas**   56
4. **Les risques du succès**   60
5. **Le krach**   60
   Après le krach…   60
6. **TF 1: une privatisation à part**   62
   Le coût de cession de TF 1   63
   Une privatisation piégée par l'État   64
   Il n'en reste qu'une…   64
   L'attribution de TF 1   65

III Les élections présidentielles et législatives de 1988   67

A L'élection présidentielle   67

1. **La campagne**   67
   Barre, Chirac et Mitterrand se déclarent   67

	La lettre à tous les Français	70
	La candidature Le Pen	71
	«J'hésite»	73
2. Les résultats du 1er tour		74
	Les résultats	74
	L'onde de choc	74
3. Le 2e tour		75
	Hypothèses de 3e tour	76
	Les résultats du 2e tour	77
	Les reports de voix entre le 1er et le 2e tour	77
	Profil sociologique des électorats Mitterrand et Chirac	77

B   Les élections législatives des 5 et 12 juin 1988   79

1. Le phénix et les centres   79

2. RPR + UDF = URC   88

3. Les résultats du premier tour   81
   Les gros titres   81

4. URC – Front national: même combat?   82

5. Les résultats du 2e tour   84

6. Ouverture – le mot de la fin?   84

IV   Annexe   86

A   Les Partis Politiques (Portraits-Robot)   86

B   Annexe Biographique   89

C   Les Élections de 1989   93

Les élections municipales des 12 et 19 mars 1989   93

Les élections européennes de juin 1989   94

Les résultats   94
Le scrutin européen du 18 juin 1989 et la rénovation
de la vie politique française   95

D   Les partis politiques en 1990   99

Un survol   99

**Les partis politiques face au problèmes
de l'immigration et du racisme**   100

Les états généraux de l'opposition sur l'immigration   100

La loi sur la répression du racisme, de l'antisémitisme
et de la xénophobie   101

Les immigrés face aux partis politiques   102

Einleitung

Das vorliegende Dossier möchte Schülern der Sekundarstufe II am Beispiel von Parlaments- und Präsidentenwahlen sowie bestimmter gesellschaftlicher Problemfelder einen Einblick in das Wirken der politischen Parteien Frankreichs vermitteln. Dabei wurde nicht so sehr auf institutionenkundliche Wissensvermittlung und enzyklopädische Vollständigkeit abgezielt; es sollte vielmehr das politische Problemfeld in all seiner Dynamik abgebildet werden, was zugleich breitgefächerte didaktische Handlungsmöglichkeiten eröffnet. Insbesondere wurde großer Wert auf die Bereitstellung von Material zu kontroverser, jedoch stets sachlich fundierter Diskussion gelegt.

So wird das für die politische Kultur Frankreichs wie der Bundesrepublik Deutschland wichtige Problem der Beeinflussung des Bürgers durch moderne Werbetechniken reichhaltig dokumentiert und kritischer Stellungnahme zugänglich gemacht. Komparative Aspekte sind in allen Teilen des Dossiers berücksichtigt. Die Unterschiede im Parteienwesen bzw. im gesamten öffentlichen Diskurs Frankreichs und der Bundesrepublik werden durch entsprechende Fragestellungen thematisiert. Eigengesellschaftlich geprägte Wahrnehmungsweisen sollen damit bewußt gemacht und Interferenzen vermieden werden.

In der Tat bieten französische Parteien ein im Vergleich zur Bundesrepublik eher diffuses Erscheinungsbild. Sie sind im allgemeinen nicht so langlebig wie die (bundes-)deutschen, sie verfügen über eine viel lockerere Organisationsstruktur, eine weniger ausgeprägte Parteidisziplin und oft auch über eine weniger langfristig konzipierte, leichter „von oben" veränderbare Programmatik. Aus bundesdeutscher Sicht ähneln sie damit oft eher Wahlvereinen, die stark auf die jeweiligen Parteiführer zugeschnitten sind, als privilegierten Organen demokratischer Willensbildung. Dies läßt sich belegen anhand von Phänomenen wie der häufigen Umbenennung und Neugründung politischer Parteien, häufigem Parteienwechsel bzw. der Unterstützung von Kandidaten anderer Parteien selbst durch Spitzenpolitiker oder Doppelkandidatur von Angehörigen ein- und derselben Partei, ohne daß dies immer den Parteiausschluß zur Folge hätte. Auch die Tatsache, daß politische Gruppierungen oft mit dem Namen ihrer führenden Persönlichkeit identifiziert werden – „chiraquiens", „giscardiens", etc. – wäre hier anzuführen. Besonders deutlich werden derartige Sachverhalte am Beispiel der „barristes", die verschiedenen Parteien angehör(t)en, während ihre „Bezugsperson", Raymond Barre, selbst nie einer Partei beitrat, sondern sich nach langem Zögern lediglich dem locker organisierten Dachverband UDF zurechnen ließ, und auch das nur vorübergehend. Unser Dossier konzentriert sich auf die Jahre 1986–88. In diesem Zeitraum fanden zwei Parlamentswahlen und eine Präsidentschaftswahl statt. Parlamentswahlen können als Hoch-Zeiten der Parteiendemokratie gelten, da es selbst in Frankreich – und auch im Zeichen des Persönlichkeitswahlrechts – für parteilose Bewerber immer schwieriger wird, sich ohne Rückendeckung von landesweit operierenden Gruppierungen bei den Wahlen zur Nationalversammlung durchzusetzen. Bei den Präsidentschaftswahlen geht der Einfluß der politischen Parteien hingegen stark zurück. Der weitgehende Konsens hinsichtlich der starken Stellung des Präsidenten der V. Republik rührt ja daher, daß die Präsidialmacht als Bollwerk gegen das allgemein als negativ bewertete *régime des partis* gilt, wie es etwa die IV. Republik charakterisierte, deren politische Instabilität (19 Regierungen in den zwölf Jahren von 1946 bis 1958) auf einen zu großen Einfluß der politischen Parteien zurückgeführt wird.

Der Gefahr einer Verkürzung des politischen Lebens auf Wahlvorgänge wird in dieser Textsammlung durch einen thematisch orientierten Mittelteil (Teil II) entgegengesteuert. In ihm werden zentrale Probleme der aktuellen französischen Politik aufgegriffen: Studenten- und Schülerprotest, Einwanderungs- und Rechtsextremismus- bzw. Rassismus-Problematik sowie die Privatisierungspolitik.

Um dem Dossier einen gewissen dauerhaften Wert als Arbeitsbuch zu sichern, ist ihm ein Anhang beigegeben, in dem eine knappe Darstellung der einzelnen politischen Gruppierungen und Kurzbiographien der wichtigsten im Textteil erwähnten Politiker sowie die Ergebnisse der Wahlen von 1989 enthalten sind.

Wir gehen davon aus, daß aus Zeitgründen nicht immer das gesamte Dossier bearbeitet werden kann, und wollen daher alternative Möglichkeiten des Umgangs mit dem vorliegenden Material skizzieren. Zum einen kann der aktuelle gesellschaftliche Probleme aufgreifende Mittelteil (II) unter Zuhilfenahme des Anhangs, der wichtige institutionelle Informationen bereitstellt, separat behandelt und gegebenenfalls durch weitere aktuelle Problemfelder angereichert werden. Zum anderen besteht die Möglichkeit, die Teile I und II unter im engeren Sinne parteipolitischen Gesichtspunkten zusammenzufassen und sie etwa im Kontext von eventuellen anderen Wahlen – sei es in Frankreich oder sei es in Deutschland zu bearbeiten. Zudem eignen sich diese Teile dazu, den Aspekt der politischen Kommunikationsstrategien herauszuarbeiten. In diesem Fall böte es sich an, das Textsortenangebot durch Hinzuziehung der FWU-Videokassette „Les partis politiques français à l'exemple des élections législatives de 1986"[1] zu erweitern. Auch die einschlägigen FWU-Diaserien[2] könnten in diesem Kontext mit Gewinn eingesetzt werden. Schließlich wollen wir noch darauf verweisen, daß sich die – sicherlich sowohl in Frankreich wie in der Bundesrepublik noch lange aktuelle – Immigrations-Problematik wie ein roter Faden durch alle drei Teile zieht und bei entsprechender Textauswahl als eigenständiger thematischer Aspekt herausgearbeitet werden kann.

Berlin, im Frühjahr 1990

Richard Batz / Walther Fekl

---

[1] München: Institut für Film und Bild in Wissenschaft und Unterricht (FWU) 1987 (Best.-Nr.: VHS 42 00688)
[2] Les affiches de la campagne électorale (mars 1986):
   1. Les élections législatives et les partis politiques en France. 12 Dias (Best.-Nr.: 10 02912)
   2. Stratégies de la publicité politique. 12 Dias (Best.-Nr.: 10 02913), München: FWU 1986

I Les partis politiques et les élections législatives de mars 1986

A La campagne électorale

1. Politique et images: de la publicité commerciale à la caricature politique

Dans le Nouvel Observateur du 31 janvier 1986, A. Schifres écrit: «1986 marque une date: pub et politique ne cohabitent plus. Elles fusionnent. La politique se sert de la pub, la pub parodie la politique.»
Les quatre documents ci-dessous permettent d'analyser les rapports entre la publicité commerciale et la propagande politique et d'étudier le point de vue d'un caricaturiste:

© Brito

Vocabulaire
8 **cohabiter** vivre ensemble 9 **fusionner** s'unir

Sujets d'étude

I 1. Comparez les deux publicités: Qu'ont-elles en commun? Quelles différences présentent-elles?
   2. Décrivez la caricature.

II 1. Comparez la caricature aux deux publicités que vous venez d'analyser. Quelles modifications Brito y a-t-il apportées?
   2. Quels sont les messages de cette caricature?

III 1. Brito se contente-t-il de s'attaquer à une seule affiche électorale ou sa critique va-t-elle plus loin?
    2. Connaissez-vous de tels «détournements» d'affiches électorales ou d'autres formes de propagande politique dans le contexte allemand?

Epuisant, non ?

Vous avez vraiment trop forcé. De tous côtés vous êtes usés, éreintés et pourtant le plus dur reste à faire. Il serait donc dommage de vous effondrer maintenant. Alors, pour vous (et pour tous les autres), nous avons créé le stage Vitaline.

Au cœur des Pyrénées, à Luchon, médecins et sportifs sont réunis pour vous aider à récupérer.

Dès votre arrivée, un bilan est effectué. Les informations recueillies sont confiées à un logiciel qui établit un programme de six mois de remise en forme. Pendant huit jours vous apprenez à appliquer votre programme et disposez des installations sportives de Luchon. Conseillés par des moniteurs diplômés, vous pouvez pratiquer tous les sports (tennis, golf, jogging, randonnée, équitation).

Vitaline est le premier stage d'apprentissage à la remise en forme.

Après la campagne, la montagne.

stage Vitaline
Luchon, la forme !

Hommes politiques ou pas,
pour tout savoir sur le stage Vitaline, appelez le 16.61.79.21.21.

Sujets d'étude

I 1. Décrivez la composition de l'annonce publicitaire. Les quatre portraits représentent quatre leaders politiques: Michel Rocard (PS), Raymond Barre (UDF), Jacques Chirac (RPR) et Laurent Fabius (PS).
   2. Comparez cette publicité aux trois documents précédemment étudiés. Qu'est-ce qui les rend comparables sur le plan de la présentation?

II 1. Expliquez la fonction des quatre portraits.
   2. Quels liens cette publicité établit-elle entre la vie politique et un séjour à Luchon?

III 1. Quelle est votre attitude à l'égard de ce genre de publicité?
    2. Concevez, en vous basant sur l'Allemagne, des annonces publicitaires exploitant des éléments de la vie politique à des fins commerciales ou vice versa.

2. Les listes en compétition. Exemple: le département du Rhône

Législatives: quatorze listes officielles pour le 16 mars

Quatorze listes, représentant 224 candidats, quatorze titulaires et deux suppléants par liste pour quatorze sièges: dans le Rhône, le scrutin législatif du 16 mars sera inflationniste. Quatorze, c'est le nombre recensé officiellement hier soir à minuit, à la clôture des dépôts.

À quelques minutes du coup de gong de minuit, les services préfectoraux n'avaient enregistré (si l'on peut dire!) que treize listes. Puis, vint celle de la dernière heure: il était 23 h 56, lorsque M. Philippe Festin, un gendarme de la brigade de Limonest, qui a en commun avec M. Barre d'être natif de la Réunion, apportait en bonne et due forme, la liste «Liberté égale sécurité». Le programme de M. Festin, qui refuse toute appartenance politique, tient en ces trois mots.

Pas de surprise, évidemment, du côté des grandes formations. À gauche, on trouve la liste *PS* de Charles Hernu et celle du *PC* conduite par Charles Fiterman.

À droite, les quatre listes prévues seront bien au rendez-vous du 16 mars: les listes *UDF* de Raymond Barre, *RPR* de Michel Noir, d'opposition nationaliste de Vincent Guittard et du Front national de Bruno Gollnisch.

La famille écologiste sera représentée par ses deux branches rivales: les *Verts*, sous la bannière de Jean Brière et «*Écologie au quotidien*» sous la direction de Brice Lalonde.

La surprise vient de deux listes récemment déposées. La première, sous l'appellation de «Initiative 86 – Entreprendre et réussir la France de l'an 2000» aura pour leader un cadre commercial lyonnais de 39 ans.

Une sorte de formation à caractère socio-professionnel qui ne se réclame, visiblement, d'aucune étiquette politique classique.

Enfin, au chapitre des inclassables on remarquera la présence du *POE*, le Parti ouvrier européen que mènera la présidente nationale, Mme Claude Albert, une journaliste de 38 ans travaillant en Allemagne fédérale pour une revue de langue anglaise.

© *Le Progrès*, 24 février 86

Vocabulaire

4 **le titulaire** *Amtsinhaber*, ici: *Inhaber eines festen Listenplatzes* – **le suppléant** personne qui, le cas échéant, peut remplacer une autre personne dans ses fonctions   6 **le scrutin législatif** élections législatives   8 **recenser** enregistrer   9 **la clôture** fin, fermeture – **le dépôt d'une liste** *offizielle Anmeldung, Eintragung einer Liste*   17 **natif/-ve de** originaire de – **la Réunion** île de l'océan Indien, département français d'outre-mer   25 **conduire (une liste)** être à la tête d'une liste   33 **sous la bannière de** sous la direction de   38 **une appellation** nom, désignation   43 **à caractère socio-professionnel** dont les membres appartiennent à des milieux sociaux et professionnels comparables   44 **se réclamer de** *sich bekennen zu*   49 **mener (une liste)** conduire une liste

Sujets d'étude

I   Expliquez les expressions suivantes:
    Ligne 12: si l'on peut dire
    Ligne 17: en bonne et due forme
    Ligne 26: être au rendez-vous du 16 mars

II   Qu'est-ce qu'on entend par «listes inclassables»?

III   1. Plusieurs des listes en compétition n'ont aucune chance d'obtenir un siège. Pourquoi se présentent-elles quand même?
   2. Consultez l'annexe (p. 86 suiv.) pour trouver des informations sur les formations politiques suivantes, mentionnées dans l'article:
      PS, PC, Écologistes, UDF, RPR, Front national.
   3. Classez ces formations politiques dans un schéma gauche-droite et comparez-les à des partis politiques allemands.

3. Scrutin majoritaire ou représentation proportionnelle

Le scrutin majoritaire

Depuis 1958, les députés sont élus au scrutin majoritaire uninominal à deux tours. Ce mode de scrutin a le mérite d'être simple : est élu au premier tour le candidat qui recueille la majorité absolue des suffrages exprimés (50 % et 1 voix) et le quart des inscrits au moins. Si aucun candidat n'obtient la majorité absolue, il est procédé à un second tour au terme duquel est élu le candidat qui recueille simplement le plus grand nombre de suffrages, c'est-à-dire la majorité relative.

On a tenté à plusieurs reprises de limiter le nombre de candidats pouvant se présenter au second tour de scrutin. Initialement, il fallait avoir recueilli au moins 5 % des suffrages exprimés au premier tour. Ce seuil a été successivement porté à 10 % des inscrits par la loi du 19 juillet 1976. Ces aménagements ont eu pour effet de favoriser les «duels». Les seconds tours des élections législatives de 1978 et de 1981 n'ont donné lieu qu'à une élection triangulaire (affrontement de trois candidats) chacun.

© *Le Monde,* 17 octobre 1984

Vocabulaire

6 **le tour** *Wahlgang*   7 **recueillir des suffrages** obtenir des voix   10 **procéder à** organiser, effectuer   11 **au terme de** à la fin de, au bout de   15 **à plusieurs reprises** plusieurs fois   20 **le seuil** *Schwelle*   22 **un aménagement** arrangement, disposition   25 **donner lieu à** provoquer, être à l'origine de   26 **un affrontement** le fait de s'affronter, d'être ou d'entrer en compétition

Les injustices du scrutin majoritaire

L'actuel mode de scrutin aboutit à des inégalités de représentation de plus en plus choquantes, soit d'un département à l'autre, soit même à l'intérieur d'un même département.

Ces inégalités sont dues, d'une part, au principe posé en 1958 selon lequel chaque département doit avoir au moins deux députés et, d'autre part, au découpage même des circonscriptions, dont l'arbitraire a été encore aggravé depuis neuf ans par les mouvements de population.

Ainsi le territoire de Belfort a deux députés représentant l'un 37.055 inscrits, l'autre 26.973 ; la Lozère en a également deux, l'un pour 29.538 inscrits, l'autre pour 23.708.

À l'opposé, la circonscription de Longjumeau, dans l'Essonne, a 115.936 inscrits et celle de Villeurbanne, dans le Rhône 103.339 ! Le député de l'une ou l'autre de ces banlieues ouvrières représente donc plus de quatre fois plus d'inscrits, et donc d'habitants, que celui de telle ou telle autre circonscription, souvent rurale.

Mais l'inégalité existe dans un même département ou une même région. Dans le Nord, la circonscription d'Avesnes a 33.772 inscrits et celle de Dunkerque 87.969.

La banlieue parisienne n'y échappe pas elle-même. La première circonscription des Hauts-de-Seine (Gennevilliers, Villeneuve-la-Garenne) a un député, communiste, pour 27.270 inscrits et celle de Nanterre en a un, communiste également, pour 59.560... alors que celle du Raincy en a un pour 93.108 et que, rappelons-le, celle de Longjumeau en a un pour 115.936 inscrits.

© *Le Monde,* 13 mars 1976

Vocabulaire

1 **le scrutin majoritaire** *Mehrheitswahlrecht*   2 **le mode de scrutin** *Wahlmodus, Wahlrecht (Mehrheits- oder Verhältniswahlrecht)* – **aboutir à** conduire à, mener à   3 **la représentation** ici: représentation parlementaire des électeurs   10 **le découpage des circonscriptions** *Einteilung der Wahlkreise*   11 **l'arbitraire** (m) *Willkür*   12 **aggraver** renforcer, accentuer   15 **l'inscrit/e** personne enregistrée sur une liste électorale, substantif dérivé du part. passé du verbe inscrire   23 **une banlieue ouvrière** banlieue essentiellement habitée par des ouvriers   26 **rural/e** *ländlich*

Sujets d'étude

I   Depuis quand le scrutin majoritaire uninominal à deux tours est-il en vigueur?

II 1. Décrivez le fonctionnement du scrutin majoritaire.
    2. Dans quel but a-t-on successivement relevé le seuil d'accès au second tour?
    3. En quoi le scrutin majoritaire est-il injuste?

Scrutin proportionnel:
petit guide pour ne pas voter complètement idiot

Un seul tour et deux bulletins pour deux scrutins, l'un législatif, l'autre régional, c'est le mode d'emploi des élections de dimanche qui ont pour but d'envoyer des députés à l'Assemblée nationale et des conseillers régionaux aux Assemblées régionales. Le 3 avril 85, le conseil des ministres a changé, en effet, le mode de scrutin et décidé de rompre avec un quart de siècle d'habitudes électorales en réinstaurant la représentation proportionnelle départementale à la plus forte moyenne. Ce nouveau système présente trois grands changements par rapport aux scrutins législatifs précédents.

D'abord on vote dimanche pour une liste de candidats, et non plus, comme au scrutin majoritaire, pour un candidat unique. Pas question de rayer sur cette liste les noms des candidats qui ne vous plaisent pas ou d'ajouter ceux de candidats d'autres listes qui seraient plus à vos goûts. Ces listes sont bloquées, vous n'avez pas même le droit de modifier l'ordre des candidats.

Les circonscriptions ont disparu. Vous allez voter pour une liste comportant un nombre de candidats égal au nombre de députés auquel votre département a droit. Il faut le répéter, il n'y a plus de second tour. Tout se jouera dimanche.

Vous devez connaître aussi la manière dont les sièges vont être répartis entre les différentes listes. Le système retenu est celui de la représentation proportionnelle à la plus forte moyenne. Les sièges sont distribués aux partis d'une manière telle que chaque député soit élu avec la même moyenne de suffrages.

Prenons par exemple un département où cinq sièges sont à pourvoir.

Quatre listes, A, B, C, D sont en présence. Elles recueillent respectivement: A = 80.000 voix, B = 52.000, C = 30.000, D = 22.000. Le décompte des sièges commence par le calcul du quota qu'on obtient en divisant le nombre des suffrages exprimés (184.000) par le nombre de sièges à pourvoir (5).

Le quota est ici de 36.800. À chaque fois qu'une liste obtient ce quota, elle gagne un siège. La liste A obtient 80.000 : 36.800 = 2 sièges. La liste B, 52.000 : 36.800 = 1 siège. La liste C et la liste D n'obtiennent aucun siège.

Trois sièges ayant été distribués, il en reste donc encore deux à pourvoir. Il convient alors d'ajouter fictivement à chaque liste un siège à ceux qu'elle a obtenus, puis de diviser les suffrages qu'elle a recueillis par ce nombre. La liste qui obtient ainsi la plus forte moyenne remporte un siège. Liste A: 80.000 : 3 = 26.666; liste B: 52.000 : 2 = 26.000; liste C: 30.000 : 1 = 30.000; liste D: 22.000 : 1 = 22.000. Le premier des deux sièges à attribuer va à la liste C qui obtient la plus forte moyenne. Et on recommence la même opération pour attribuer le cinquième et dernier siège. Liste A: 80.000 : 3 = 26.666; liste B: 52.000 : 2 = 26.000; liste C: 30.000 : 2 = 15.000; liste D: 22.000 : 1 = 22.000. Le cinquième siège revient donc à la liste A.

Cet exemple illustre bien que la proportionnelle départementale à la plus forte moyenne favorise avant tout les grands partis et pénalise les petites formations. Celles-ci ne peuvent espérer avoir des élus que dans les départements où il y a un grand nombre de sièges à pourvoir.

© *Libération,* 16 mars 1986

Vocabulaire

3 **le bulletin** (de vote) *Stimmzettel*   4 **le scrutin législatif** élection à l'Assemblée nationale – **le scrutin régional** élection à l'Assemblée régionale   5 **le mode d'emploi** description d'un objet en vue de son utilisation correcte   7 **l'Assemblée nationale** *Nationalversammlung, Parlament*   8 **le conseiller régional** membre de l'Assemblée régionale – **l'Assemblée régionale** *Regionalparlament*   9 **le conseil des ministres** réunion des membres du gouvernement   12 **électoral/e** qui a trait aux élections – **réinstaurer** réintroduire   14 **la moyenne** *Durchschnitt, Mittelwert*   21 **rayer** *durchstreichen*   28 **la circonscription** *Wahlkreis*   43 **pourvoir** ici: occuper   45 **recueillir** obtenir   47 **le décompte des sièges** ici: la répartition des sièges   59 **il convient de** ici: il faut, il est nécessaire de   64 **remporter** gagner   68 **attribuer** donner, accorder   75 **revenir à** ici: appartenir légitimement à qn   79 **pénaliser** ici: désavantager

Sujets d'étude

I   Résumez les différences entre les deux modes de scrutin (majoritaire et proportionnel).

II   1. Étudiez l'exemple suivant:
Dans un département il y a six sièges à pourvoir. Cinq listes se sont présentées aux élections. Voici les résultats des listes respectives: Listes A   62.000
  B   37.000
  C   33.000
  D   20.000
  E   17.000
  total: 169.000

Répartissez les sièges selon la clé décrite dans l'article.
2. Comparez les deux modes de scrutin à celui utilisé en Allemagne.
3. Imaginez ce qui pourrait changer si on appliquait le scrutin majoritaire en R.F.A.

4. Les professions de foi: R. Barre et Ch. Hernu

Les «professions de foi» sont une sorte de version réduite du programme de chaque liste que celle-ci est invitée à envoyer à tout citoyen inscrit dans les listes électorales durant la «campagne officielle», c'est-à-dire pendant les quinze jours qui précèdent l'élection. Voici les professions de foi de deux listes dans le département du Rhône:

RÉPUBLIQUE FRANÇAISE
DÉPARTEMENT DU RHÔNE – **ÉLECTIONS LÉGISLATIVES** DU 16 MARS 1986

UNION DES RÉPUBLICAINS LIBÉRAUX ET SOCIAUX

Madame, Mademoiselle, Monsieur,

Les cinq années qui viennent de s'écouler ont montré que les socialistes n'étaient pas en mesure de résoudre les problèmes de la France. **Le constat**, en dépit des promesses qu'ils avaient faites aux Français en 1981, c'est :

UNE FRANCE
qui compte 2,5 millions de chômeurs mais, fait plus grave, une économie française qui ne crée plus d'emplois, mais en perd (500.000 en 5 ans).

UNE FRANCE
dont le taux de natalité n'assure plus le renouvellement de sa population.

UNE FRANCE
qui ne sait plus offrir, à sa jeunesse, la formation qui lui permettrait de mieux affronter l'avenir.

UNE FRANCE
qui n'investit plus parce qu'elle a perdu confiance.

UNE FRANCE
qui est lourdement endettée sur le plan intérieur et à l'extérieur.

UNE FRANCE
où, pour la première fois depuis trente ans, est apparue une "nouvelle pauvreté".

En votant le 16 mars, pour les élections législatives, vous aurez l'occasion d'exercer un choix décisif et de mettre un terme à l'expérience socialiste en cours, dont vous pouvez toutes et tous observer les résultats. Votre choix est essentiel pour l'avenir de la France.

Raymond BARRE

VU LES CANDIDATS

L'EQUIPE DU RHÔNE, que je conduis, souhaite ardemment œuvrer dès que possible pour le redressement du Pays. Elle le fera avec **conviction** et **détermination**.

NOTRE ENGAGEMENT

● **GARANTIR LES LIBERTÉS**
Donner aux familles le choix de l'école et de la formation pour leurs enfants, en garantissant la situation des écoles privées sous contrat et en offrant, dans le secteur public, la possibilité de choisir entre plusieurs établissements.
Préserver un système de soins libéral et pluraliste.
Assurer la concurrence des moyens d'information et de communication sous la surveillance d'une autorité indépendante.

● **RÉTABLIR LA SÉCURITÉ DES PERSONNES ET DES BIENS**
Donner à la police et à la gendarmerie les moyens d'une action efficace.
Engager un vigoureux effort de prévention et d'éducation auprès des jeunes.
Assurer une justice humaine, mais ferme ; les atteintes à la sécurité des personnes et des biens doivent être sanctionnées et les peines exécutées.

● **FAVORISER LA FAMILLE**
par :
Une politique d'aide à la natalité.
Une politique d'accueil et d'insertion de l'enfant.
La mise en œuvre d'un statut de la famille au plan fiscal et financier.

● **LUTTER CONTRE LE CHÔMAGE EN LIBÉRANT L'ENTREPRISE ET LE TRAVAIL**
Pour que le chômage puisse régresser, il faut que l'entreprise dispose d'un environnement général favorable à son activité et qu'elle puisse se développer grâce à :
– la suppression des contrôles et réglementations abusifs ;
– la liberté pour l'entreprise de fixer ses prix ;
– l'allègement des charges fiscales et sociales ;
– l'introduction de la flexibilité dans les conditions de travail, en particulier grâce au développement du contrat d'entreprise.
Il faut aussi offrir aux jeunes des formations diversifiées, développer l'apprentissage, ouvrir l'école sur l'entreprise.
Il faut enfin adapter la législation du SMIG pour favoriser le premier emploi des jeunes.

● **DÉFINIR UN VÉRITABLE PROJET POUR L'AGRICULTURE**
Mettre en œuvre une politique vigoureuse d'installation des jeunes agriculteurs.
Valoriser les productions par un effort de recherche et d'adaptation qualitative.
Améliorer les modes de financement des exploitations et alléger la charge de l'endettement agricole.
Défendre les acquis de la politique agricole commune.
Développer les liens entre l'agriculture et les industries agro-alimentaires.

● **MAINTENIR LA PROTECTION SOCIALE DES FRANÇAIS**
En garantissant les régimes de retraite par le développement d'une épargne à long terme grâce à des incitations fiscales (livret d'épargne-retraite).
En développant la solidarité nationale en faveur des travailleurs ayant perdu durablement leur emploi (chômeurs en fin de droits).
En apportant aux personnes âgées l'aide à domicile et en développant les établissements d'accueil, notamment médicalisés.

● **CONTRÔLER L'IMMIGRATION**
Expulser les immigrés délinquants et lutter contre l'immigration clandestine.
Pratiquer une politique active et humaine d'aide au retour.
Assurer l'insertion des immigrés vivant légalement en France par une politique du logement et une politique de l'éducation.
Revoir les conditions d'octroi de la nationalité pour les jeunes immigrés, nés sur le sol français, qui manifestent par un acte positif leur volonté d'être Français.

● **REDONNER A LA FRANCE SA VRAIE PLACE DANS LE MONDE**
Maintenir une défense indépendante et crédible dans le respect de nos alliances.
Poursuivre la construction d'une Union Européenne et renforcer la coopération franco-allemande, fondement de la Communauté.
Apporter aux pays en développement et, en particulier aux pays d'Afrique francophones, une aide et une coopération respectueuses de leur indépendance.

Si vous soutenez les principes et les objectifs de notre action, nous espérons, demain comme aujourd'hui, mériter votre confiance.

Vocabulaire (par ordre alphabétique)
un acquis *Errungenschaft*   **abusif/-ve** excessif, exagéré   **un accueil** *Aufnahme*   **l'aide** (f) **au retour** subvention financière accordée aux immigrés en cas de retour dans leur pays d'origine   **un allègement** ici: réduction, abaissement   **ardemment** très énergiquement, avec détermination   **une atteinte à** *Angriff auf*   **les biens** (m) *Güter, Besitz*   **le constat** ici: *Bestandsaufnahme*   **le contrat d'entreprise** contrat conclu entre la direction d'une entreprise et les ouvriers concernant l'ensemble des conditions de travail   **le délinquant** criminel, personne ayant commis un crime ou un délit   **endetté/e** qui a des dettes   **engager un effort** faire un effort   **la prévention** ici: ensemble des mesures destinées à empêcher les jeunes de commettre des crimes   **exercer un choix** faire un choix   **une exploitation** ici: la ferme   **expulser** renvoyer du pays   **la formation** *Ausbildung*   **une incitation fiscale** *Steueranreiz*   **l'industrie** (f) **agro-alimentaire** *Nahrungsmittelindustrie*   **l'insertion** (f) intégration   **le livret d'épargne-retraite** *Sparbuch für rentenwirksames Sparen*   **la mise en œuvre** réalisation, création et application   **l'octroi** (m) **de la nationalité française** *Verleihung der frz. Staatsbürgerschaft*   **le redressement** relèvement, action de remettre en bon état   **les soins** (m) ici: soins médicaux   *Errungenschaft*   **les régimes** (m) **de retraite** ici: le financement des retraites (**la retraite:** *Ruhestand, Rente*)   **le SMIG** salaire minimum industriel garanti ici: *fälschlich verwendet für SMIC*: salaire minimum interprofessionnel de croissance *gesetzlich festgesetzter Mindestlohn*   **le taux de natalité** *Geburtenrate*   **mettre un terme à** mettre fin à   **valoriser qc** donner plus de valeur, plus d'importance à qc

Le 16 mars 1986
Élections législatives
Un seul tour

"Liste **H.E.R.N.U.**
**POUR UNE MAJORITÉ DE PROGRÈS
AVEC LE PRÉSIDENT DE LA RÉPUBLIQUE**
présentée par le Parti socialiste, le MRG
et d'autres formations démocratiques."

La volonté de préparer l'avenir

Efficacité économique
- 1985 : 4,7 % d'inflation au lieu de 13,6 % en 1980.
La hausse des prix est enfin stoppée.
Votre livret A vous rapporte plus que l'inflation : + 6,5 %.
- 1985 : 105 000 entreprises créées.
L'investissement industriel repart : + 9 % en 1985.

Gestion de solidarité
- Pouvoir d'achat du SMIC en hausse.
Depuis 1981, progression de 15,2 %.
- Depuis 1981 : 1 700 000 contribuables modestes ont été exonérés de l'impôt sur le revenu.
1 400 000 autres ont vu leurs impôts allégés.
- Progression du chômage freinée.
Entre 1981 et 1986 le chômage a augmenté 2 fois moins vite qu'entre 1974 et 1981.

Le courage des libertés

Libertés individuelles
- Amélioration de la protection et de l'indemnisation des victimes.
- Abolition de la peine de mort.
- La liberté au féminin :
Loi sur l'égalité professionnelle.
Statut des conjoints d'artisans et de commerçants.
Prise en charge de l'IVG par la Sécurité sociale.

Libertés d'expression
- Depuis 1981 : 1 300 radios libres. Télévision : création de 4 nouvelles chaînes.
- 1982 : les salariés se voient reconnaître le droit à la parole, les assurés sociaux élisent directement leurs représentants aux Caisses de Sécurité sociale.

Vocabulaire (par ordre alphabétique)
alléger ici: réduire, abaisser   **une allocation** soutien financier, subvention *(Zuwendung)*   sé aux retraités   **la mensualisation du versement** le paiement mensuel   **l'allocation** (f) **logement** *Wohngeld, Mietzuschuß*   **un artisan** *selbständiger Handwerker*   **assaini/e** rendu sain   **le conjoint** mari ou épouse   **le contribuable** personne qui paie des impôts   **des enfants rapprochés** enfants d'une même famille séparés seulement par une petite différence d'âge   **exonéré/e de** libéré de *(freigestellt, befreit von)*   **la gestion de solidarité** gouverner selon des principes de solidarité sociale   **l'impôt** (m) **sur le revenu** *Einkommensteuer*   **une indemnisation des victimes** le fait de payer de l'argent aux victimes d'actes criminels   **l'IVG** (f) interruption volontaire de grossesse *(Schwangerschaftsabbruch)*   **le livret A** type particulièrement répandu du livret de caisse d'épargne   **la mensualisation du versement** le paiement mensuel   **le MRG** Mouvement des radicaux de gauche (v. annexe p. 86)   **la pension** argent versé aux retraites   **les prestations familiales** *familienbezogene Sozialleistungen*   **la revalorisation** ici: augmentation

Des moyens pour vivre mieux

Amélioration du quotidien des familles et des individus

- Revalorisation des prestations familiales + 20 à 50 % selon le cas.
- « Loi famille » (janvier 1985) : allocation parentale d'éducation attribuée à celui des parents qui cesse de travailler. Allocation au jeune enfant : 400 000 familles qui ont des enfants rapprochés, favorisées.
- 5e semaine de congés payés.

Retraités, personnes âgées justice et dignité

- Abaissement à 60 ans de l'âge de la retraite.
- Pensions relevées de 40 %.
- Mensualisation du versement des pensions généralisée progressivement à partir de 1986.
- Allocation logement à caractère social revalorisée de 50 %.

Sécurité : des choix énergiques

- Actions vigoureuses de prévention.
- Opérations été : jusqu'à 30 % de diminution de la délinquance.
- Lutte contre l'échec scolaire.
- Modernisation de la police.
- Des moyens renforcés.
- Depuis 1981 : 10 000 emplois créés.

Depuis 1981, les Françaises et les Français, avec la majorité socialiste, ont réussi le redressement sans récession, ni régression.

Sur des bases assainies, dans un département dynamique, pour une nation moderne, unissons-nous autour de François Mitterrand.

Pour que le Président conduise un pays rassemblé et tourné vers l'avenir, faites confiance à la liste H.E.R.N.U.

avec :
1. Charles HERNU
2. Jean POPEREN
3. Marie-Josèphe SUBLET
4. Gérard COLLOMB
5. Jean-Jack QUEYRANNE
6. Martine DAVID
7. Michèle LINDEPERG
8. André POUTISSOU
9. Jean-Pierre FLACONNECHE
10. Gabriel MONTCHARMONT
11. Bruno POLGA
12. Farid BENOUAR
13. Bernard BELLET
14. Roger LALLIARD

Suppléants
15. Christian GUNTHER
16. Maurice DESSAUX

Vu les candidats

Sujets d'étude

I 1. Quelles sont les particularités de présentation qui frappent tout de suite le lecteur ?
   2. Décrivez la structure des deux documents et expliquez les différences.

II 1. Relevez les recoupements thématiques. Sont-ils l'expression d'une certaine identité de vues ?
   2. Analysez également les différences thématiques.

III Quels éléments des professions de foi que vous venez d'étudier font également l'objet de controverses politiques en Allemagne ? Lesquels n'y sont guère évoqués ? Trouvez des explications.

5. Un parti pas comme les autres: Le Front national

Un tract du Front national

La campagne électorale du FN s'est articulée assez massivement autour du thème de l'immigration, les revendications dans ce domaine prenant parfois l'allure d'une véritable chasse aux sorcières, comme en témoignent les extraits suivants d'un tract distribué par le Front national dans le département du Rhône:

Plus du dixième de la population
6 millions d'étrangers

Malgré 3 millions de chômeurs, il y a en France 1,6 million de travailleurs étrangers.
Dans les prisons françaises surpeuplées, 1 détenu sur 4 est un étranger. En 1983, les étrangers, essentiellement Maghrébins et Africains, ont été les auteurs de
– 59% des trafics de drogues
– 27% des viols
– 25% des vols avec violence
– 24% des homicides
– 24% des trafics de prostitution
Dans la région lyonnaise, sur 5 naissances il y a celle d'1 étranger.

Alors que l'immigration était officiellement bloquée depuis 1974, dans la décennie qui a suivi plus de 850.000 étrangers sont entrés légalement en France, sans compter les clandestins, dont la situation a été régularisée à cinq reprises entre 1973 et 1981.
Dans certaines écoles il n'est plus possible de transmettre notre héritage culturel, tant le pourcentage d'étrangers est élevé. Des enclaves étrangères, où la police ne pénètre plus, se sont constituées sur notre sol.

Le *Front national* est le premier mouvement politique à avoir attiré l'attention sur les conséquences de cette immigration abusive. Il veut réserver les allocations familiales et l'aide sociale aux nationaux. Il demande la suppression des cas d'accession automatique à la nationalité française, que le RPR avait voté en 1973, et celles de la carte de séjour renouvelable de 10 ans (votée par la majorité et l'opposition en 1984). Il entend réserver le droit de vote aux seuls Français.

Vocabulaire

2 **le tract** *Flugblatt*   3 **s'articuler autour du thème de** se baser sur le thème de   5 **la revendication** *Forderung*   6 **prendre l'allure** (f) **de** prendre la forme de   8 **témoigner de** ici: donner un exemple de   19 **Maghrébin/e** (n et adj) habitant d'un pays du nord-ouest de l'Afrique (Maroc, Algérie, Tunisie)   21 **le trafic de drogues** vente illégale de drogues   22 **le viol** *Vergewaltigung*   24 **l'homicide** (m) *Totschlag, Tötungsdelikt*   29 **la décennie** une dizaine d'années   32 **clandestin/e** (n et adj) personne entrée dans un pays sans être en possession de papiers réguliers   33 **régulariser** ici: accorder à un clandestin l'autorisation officielle de rester dans le pays   38 **une enclave** ici: quartier d'une ville habitée presque entièrement par des étrangers   39 **se constituer** se former   44 **abusif/-ve** excessif, exagéré – **les allocations familiales** somme accordée par l'État aux familles en fonction du nombre d'enfants   45 **les nationaux** ici: les citoyens de nationalité française   46 **la suppression** abolition *(Abschaffung)*   49 **la carte de séjour** *Aufenthaltsgenehmigung*

Sujets d'étude

I   1. Dans quels domaines, d'après le tract, la présence des étrangers se fait-elle particulièrement ressentir?
    2. Résumez les revendications du FN par rapport aux immigrés.

II 1. Par quels arguments le FN cherche-t-il à motiver son attitude hostile face aux immigrés?
    2. Dans quelle mesure les affirmations du Front national constituent-elles une critique à l'égard d'autres formations politiques? Lesquelles sont particulièrement visées?

III Dans une brochure officielle publiée avant 1986 par le secrétariat d'État chargé des immigrés, on trouve, entre autres, les titres suivants:
«L'immigration est un phénomène mondial»,
«L'immigration en France a une longue histoire»,
«L'immigration ne crée pas de chômage, elle enrichit notre pays»,
«L'immigration n'est pas synonyme de délinquance», etc.
Comparez ces affirmations aux thèses du FN.
Quel est votre avis personnel?

Plus jamais ça!

Les idées propagées par le Front national en matière d'immigration ne sont pas restées sans provoquer de vives réactions, comme le montre la photo suivante prise à Lyon lors d'une manifestation organisée par l'organisation antiraciste «SOS-Racisme»:

Sujets d'étude
I Donnez une description détaillée de la photo.
II Que pensez-vous d'une telle forme de protestation qui met en parallèle la politique nazie et le mouvement lepéniste?

6. La campagne par les affiches: Barre, Hernu, PS, équipe Chirac

Sujets d'étude

I   Décrivez le contenu des affiches (Qui/Qu'est-ce qui est représenté?).

II 1. Analysez les affiches sous les aspects suivants:
       – rapports entre le slogan et l'image;
       – présence/absence de l'adversaire politique.
    2. Quelle image le parti en question veut-il donner de lui-même?
    3. Quelle image le parti signataire de l'affiche donne-t-il, implicitement ou explicitement, de l'adversaire politique?
    4. Qu'est-ce que les différentes affiches nous révèlent sur le programme politique des partis respectifs?
    5. Formulez les messages des différentes affiches (attention: un message peut en cacher un autre!).

7. La campagne électorale à l'heure des nouveaux médias

Les questions/réponses des candidats

Pour la première fois, une campagne coïncide avec la naissance et le développement d'un nouveau moyen de communication: la télématique.

Déjà, des millions de foyers sont équipés du Minitel. «Le Progrès», qui ne pouvait pas être absent à ce rendez-vous, offre pour la première fois en France la possibilité d'entrer en contact avec les candidats et les formations politiques.

Cette opération «Interrogez les candidats sur Minitel-Progrès» aura valeur d'exemple pour la France. Elle est l'occasion pour «Le Progrès» d'affirmer son souci d'innovation et d'ouverture.

Depuis le début de l'opération «Minitel-Progrès» plusieurs centaines de questions ont été adressées aux candidats. Nous publions quotidiennement les principales questions et réponses.

Un exemple:
Avec qui le P. S. espère-t-il gouverner?

«Les députés socialistes constitueront le groupe le plus important de l'assemblée. S'ils sont minoritaires, ils seront dans l'opposition.»

© *Le Progrès*, 1er mars 1986

Vocabulaire

2 **le Minitel** système de télécommunication très répandu en France (5.000.000 d'abonnés en 1989) qui permet aux utilisateurs d'avoir accès à des informations extrêmement variées (horaires des trains et des avions, cours de la Bourse, chambres disponibles dans les hôtels, etc.)   8 **coïncider** se dérouler en même temps   11 **la télématique** ensemble des techniques de communication à distance se servant de l'informatique   12 **le foyer** *Haushalt* – **équipé/e de** muni de *(ausgestattet mit)*   13 **Le Progrès** quotidien régional lyonnais   21 **affirmer** *behaupten, bekräftigen*

Sujets d'étude

I   Expliquez le déroulement de cette opération Minitel-Progrès.

II Pourquoi le journal a-t-il lancé cette opération?

III Jouez le jeu: Posez trois questions au candidat de votre choix. Passez ces questions à votre voisin/e qui répondra à la place de ce candidat.

8. La publicité et les résultats des élections: Le Tanneur, Ikea

Les bulletins de vote à peine dépouillés, les lecteurs ont pu voir dans leurs journaux des annonces faisant allusion à l'issue des élections. En effet, les sondages avaient permis de pronostiquer une victoire de l'opposition de droite de sorte que les publicitaires ont pris le pari de concevoir, à l'avance, des publicités exploitant ce tournant politique.

Vocabulaire

2 **dépouiller** ici: *auszählen*   4 **faire allusion** (f) **à** *anspielen auf*   8 **le publicitaire** spécialiste en matière de publicité – **prendre le pari de** prendre le risque de   9 **exploiter** ici: profiter de   10 **le tournant** changement

10 *LIBERATION • JEUDI 20 MARS 1986*

Notes explicatives

1. Pour consoler qn d'une perte, on dit parfois: «un(e) de perdu(e), dix de retrouvé(e)s».
2. Les noms propres figurant dans la publicité sont ceux de membres du gouvernement socialiste au pouvoir jusqu'aux élections de 1986.

Sujets d'étude

I   1. Pour quel produit cette annonce fait-elle de la publicité?
    2. Expliquez le double sens du mot «portefeuille».
    3. Trouvez, à l'aide de votre dictionnaire, la signification du mot «tanneur».

II Décrivez les transformations qu'a subies le dicton expliqué plus haut.

Tous ceux qui ont perdu leur siège hier, peuvent le récupérer aujourd'hui chez IKEA.

155 F
JÄRPEN
Fauteuil structure tube acier
assise fil d'acier - plusieurs coloris
Prix valable du 17 au 23 mars 86 inclus.

Bonne nouvelle pour tous ceux qui ne savent plus où s'asseoir depuis hier : votre chance de trouver un siège chez IKEA est exactement proportionnelle à la malchance d'avoir perdu le vôtre... C'est dire combien ça va être facile...

Notre politique en matière de style étant d'une grande tolérance, fesse gauche et fesse droite vont enfin pouvoir cohabiter confortablement. Vous avez le choix entre une centaine de fauteuils et de chaises, de toutes tendances. Comme on ne sait jamais, certains sont même pliants... Et pour ceux qui se sont vraiment faits étaler, nous avons aussi de très beaux canapés.

Tout ça n'est pas cher du tout et cette fois on a droit à plusieurs tours avant de se décider. On peut même essayer pour demander l'avis de la base. Evidemment, après, il faudra travailler un peu pour avoir votre siège. A commencer par l'emporter vous-même.

Puis le monter. C'est pas compliqué, ça revalorise le travail manuel et ça fait descendre les prix...

Comme vous allez peut-être avoir des loisirs à meubler, n'oubliez pas le catalogue IKEA. Vous y découvrirez comme on peut être bien chez soi.

Ils sont fous ces Suédois

Sujets d'étude

I   Expliquez le jeu de mots contenu dans le slogan.

II Relevez, dans la partie texte de la publicité, toutes les expressions faisant allusion à la politique et expliquez-les.

III Pourquoi, d'après vous, se sert-on de données politiques pour faire de la publicité commerciale ?

B La mise en place de la cohabitation

1. La cohabitation: situation inédite sous la Ve République

La campagne électorale tout entière a été dominée par le problème de la cohabitation. On entend par là une situation où le président de la République, élu pour sept ans, est obligé de nommer, après des élections législatives, un Premier ministre issu d'une formation en opposition avec le président de la République. Si en République fédérale d'Allemagne la primauté politique du chancelier est clairement établie, nous avons par contre affaire, en France, à ce que l'on a pu appeler un «pouvoir bicéphale» ou une «dyarchie à la tête de l'État»: une répartition compliquée des responsabilités et des moyens d'action entre le président et le chef du gouvernement. De telles dispositions peuvent évidemment être source de conflits lorsque le président et le Premier ministre appartiennent à des camps politiques différents, voire opposés.

Examinons les problèmes tels qu'ils se posent à l'issue de la campagne électorale:

Comme tous les sondages prévoient une majorité de droite à l'issue des élections de mars, une discussion passionnée s'est engagée dans les milieux politiques afin de savoir quelle devrait être la ligne de conduite politique à adopter après le 16 mars.

Ces discussions tournent essentiellement autour du rôle du président de la République dans l'hypothèse d'une majorité de droite.

Celui-ci se verrait alors confronté aux alternatives suivantes:

- nommer Premier ministre un membre d'un parti de gauche ou un candidat de compromis;
- faire appel à un membre d'un parti de droite autre que son principal leader, Jacques Chirac;
- nommer Jacques Chirac;
- prononcer la dissolution de l'Assemblée nationale et annoncer de nouvelles élections législatives;
- démissionner et provoquer une élection présidentielle anticipée.

Aucune de ces possibilités n'est sans soulever un certain nombre de problèmes. Certains vont même jusqu'à avancer l'idée d'une contradiction entre les prérogatives accordées au président par la Constitution et le fonctionnement démocratique des institutions. Sur le plan pratique, cependant, l'hypothèse la plus vraisemblable au cas où la droite réussirait à réunir la majorité absolue des suffrages, est la nomination de Jacques Chirac, principal leader de l'opposition, aux fonctions de Premier ministre.

Un président socialiste et un Premier ministre de droite pourront-ils faire bon ménage? Arriveront-ils à définir un partage équilibré et viable des responsabilités, ou vont-ils, au contraire, bloquer le fonctionnement des institutions, paralysant ainsi la vie politique du pays?

Et la cohabitation au sein même d'une éventuelle majorité de droite ...?

Autant de questions, autant de controverses. Et derrière elles, se dessinent déjà les stratégies politiques pour les élections présidentielles de 1988.

Joël Bath, mars 1986

Vocabulaire

2 **une situation inédite** situation jamais vue, sans précédent   5 **démissionner** abandonner ses fonctions   8 **être issu/e de** résulter de *(hervorgehen aus)*   11 **la primauté** supériorité, fait de tenir la première place   25 **à l'issue de** à la fin de   47 **la dissolution** *Auflösung* – **des élections anticipées** élections organisées avant la fin officielle d'une législature   55 **accorder des prérogatives** (f) **à qn** donner des privilèges, des pouvoirs spéciaux à qn   66 **faire bon ménage** s'entendre bien, vivre harmonieusement ensemble   67 **le partage** répartition *(Aufteilung)*   68 **viable** *lebensfähig, funktionsfähig*   72 **au sein de** à l'intérieur de   75 **se dessiner** *sich abzeichnen*

Sujets d'étude

I   Expliquez les expressions suivantes: la majorité parlementaire (ou gouvernementale), la majorité présidentielle, la dyarchie, le pouvoir bicéphale.

III 1. L'article que vous venez d'étudier fait état de cinq possibilités parmi lesquelles le président de la République sera amené à faire son choix. Quelle solution retiendriez-vous à sa place? Discutez-en en classe.

    2. Quelles sont, en Allemagne, les fonctions respectives du président *(Bundespräsident)* et du chancelier *(Bundeskanzler)*?

2. Bases constitutionnelles de la cohabitation

Le président de la République ...

ARTICLE 5
Le président de la République veille au respect de la Constitution. Il assure, par son arbitrage, le fonctionnement régulier des pouvoirs publics ainsi que la continuité de l'État.
Il est le garant de l'indépendance nationale, de l'intégrité du territoire, du respect des accords de la Communauté et des traités.

ARTICLE 8
Le président de la République nomme le Premier ministre. Il met fin à ses fonctions sur la présentation par celui-ci de la démission du gouvernement.
Sur la proposition du Premier ministre, il nomme les autres membres du gouvernement et met fin à leurs fonctions.

ARTICLE 9
Le président de la République préside le Conseil des ministres.

ARTICLE 10
Le président de la République promulgue les lois dans les quinze jours qui suivent la transmission au gouvernement de la loi définitivement adoptée.
Il peut, avant l'expiration de ce délai, demander au Parlement une nouvelle délibération de la loi ou de certains de ses articles. Cette nouvelle délibération ne peut être refusée. (...)

ARTICLE 12
Le président de la République peut, après consultation du Premier ministre et des présidents des assemblées, prononcer la dissolution de l'Assemblée nationale.
Les élections générales ont lieu vingt jours au moins et quarante jours au plus après la dissolution.
Il ne peut être procédé à une nouvelle dissolution dans l'année qui suit ces élections.

ARTICLE 13
Le président de la République signe les ordonnances et les décrets délibérés en Conseil des ministres. Il nomme aux emplois civils et militaires de l'État.

ARTICLE 15
Le président de la République est le chef des armées. Il préside les conseils et comités supérieurs de la défense nationale.

ARTICLE 16
Lorsque les institutions de la République, l'indépendance de la nation, l'intégrité de son territoire ou l'exécution de ses engagements internationaux sont menacées d'une manière grave et immédiate et que le fonctionnement régulier des pouvoirs publics constitutionnels est interrompu, le président de la République prend les mesures exigées par ces circonstances, après consultation officielle du Premier ministre, des présidents des assemblées ainsi que du Conseil constitutionnel (...).

... et le gouvernement

ARTICLE 19
Les actes du président de la République autres que ceux prévus aux articles 8 (1er alinéa), 11, 12, 16, 18, 54, 56 et 61 sont contresignés par le Premier ministre et, le cas échéant, par les ministres responsables.

ARTICLE 20
Le gouvernement détermine et conduit la politique de la nation. Il dispose de l'administration et de la force armée. Il est responsable devant le Parlement (...).

ARTICLE 21
Le Premier ministre dirige l'action du gouvernement. Il est responsable de la défense nationale. Il assure l'exécution des lois. Sous réserve des dispositions de l'article 13, il exerce le pouvoir réglementaire et nomme aux emplois civils et militaires. (...)

Vocabulaire

4 **veiller à** s'occuper de, prendre soin de   6 **l'arbitrage** (m) *Schiedsspruch*   7 **les pouvoirs publics** ensemble des organes administratifs dont dispose l'État   10 **l'intégrité** (f) **du territoire** maintien des frontières nationales   23 **le Conseil des ministres** réunion hebdomadaire des ministres d'un gouvernement sous la présidence du chef de l'État   25 **promulguer des lois** confirmer des lois votées par le Parlement en les publiant au journal officiel   29 **l'expiration** (f) fin   31 **la délibération** *Beratung*   37 **les assemblées** l'Assemblée nationale et le Sénat   42 **procéder à** exécuter, effectuer   47 **une ordonnance** *Verordnung mit Gesetzescharakter* – **le décret** *Verfügung, Erlaß*   66 **le Conseil constitutionnel** *Verfassungsrat*   72 **le cas échéant** *gegebenenfalls*   83 **sous réserve des dispositions de l'article 13** en respectant ce que prévoit l'article 13   84 **le pouvoir réglementaire** *Verordnungsgewalt des Premierministers*

Sujets d'étude

I   Résumez les articles de la Constitution française relatifs au président de la République et au Premier ministre.

II   Citez les domaines où, selon vous, il y a prédominance du président; prédominance du Premier ministre; équivalence et complémentarité des deux fonctions.

III 1. La cohabitation – école de modération et de tolérance ou coexistence politique contre nature?
     2. Comparez les rôles respectifs du président et du chef du gouvernement en France et en Allemagne.

3. La cohabitation dans l'opinion publique

Dans un sondage réalisé par la SOFRES entre le 27 février et le 4 mars 1986, il était demandé aux électeurs ce que F. Mitterrand devrait faire en cas de victoire de l'opposition aux prochaines élections législatives.

Il devrait:	Préférence partisane				
	PC	PS	UDF	RPR	FN
nommer Premier ministre un leader de l'opposition;	20	44	41	34	17
prononcer la dissolution de l'Assemblée nationale pour qu'il y ait de nouvelles élections législatives;	45	30	7	12	12
démissionner pour qu'il y ait une élection présidentielle;	14	10	43	46	62
sans opinion	21	16	9	8	9
	100 %	100 %	100 %	100 %	100 %

Sujet d'étude

II Comparez les attentes des différentes sensibilités politiques par rapport à la décision que le président de la République aurait à prendre en cas de victoire de la droite. Essayez d'expliquer les divergences d'opinions entre les préférences partisanes.

4. Le «Bréviaire de la cohabitation» de Maurice Duverger

La foi et les risques

Maurice Duverger prend des risques. Quelques heures seulement après le décompte des derniers bulletins de vote, sortira en librairie son *Bréviaire de la cohabitation*. Comme le dit si bien l'Académie, un bréviaire est un «*livre dont on fait sa lecture habituelle en raison de la somme d'enseignement qu'on y trouve*». Qui dit bréviaire dit aussi foi. Celle de Maurice Duverger est intense, au point de prendre parfois des allures de pari dangereux:

«*La cohabitation d'un président de gauche et d'une majorité de droite va permettre d'appliquer enfin la Constitution de la Ve République.*» Au sujet du chef de l'État: «*Tout l'oblige (...) à remplir son mandat jusqu'au bout.*» À propos de la cohabitation elle-même: «*De toute façon elle s'impose puisque les citoyens en ont décidé ainsi en refusant d'envoyer à l'Assemblée nationale une majorité conforme à l'orientation du chef de l'État.*»

Au-delà des dispositions «techniques» prévues par la Constitution et auxquelles Maurice Duverger consacre une bonne part de son ouvrage, tout, à ses yeux, est simple: «*Un président d'origine socialiste fera contrepoids à un gouvernement et à une assemblée de droite. Le pouvoir partagé est la forme républicaine du pouvoir neutre.*»

À terme, l'auteur décrit le mouvement vers une «*social-démocratie à la française*». La cohabitation mènerait à une «*bipolarisation d'un type nouveau, où un grand parti social-démocrate à vocation majoritaire s'opposerait à une droite orientée vers le centre, dans une alternance qui apparaîtrait normale, comme dans les autres nations d'Europe occidentale*».

© *Le Monde*, 16–17 mars 1986

Vocabulaire

2 **la foi** le fait de croire qc   10 **l'enseignement** (m) ici: conclusion qu'on peut tirer de qc, ce que l'on apprend   12 **intense** fort – **au point de** *so sehr, daß*   13 **prendre des allures de pari** ressembler à un pari *(Wette)*   19 **le mandat** fonction officielle   21 **s'imposer** être nécessaire, inévitable   25 **l'orientation** (f) ici: appartenance politique   35 **à terme** ici: à la longue   39 **à vocation majoritaire** capable de réunir une majoritaire parlementaire pour former un gouvernement   41 **une alternance** changement plus ou moins régulier

Sujets d'étude

I   Expliquez les mots et les expressions suivants: le bréviaire, le décompte des bulletins de vote, la bipolarisation.

II   1. D'après Maurice Duverger, une cohabitation entre un président de gauche et un gouvernement de droite n'aura guère d'effets néfastes sur le fonctionnement du système politique. Résumez le raisonnement de l'auteur.
   2. Quel changement Duverger prévoit-il, à terme, dans le paysage politique?
   3. Expliquez le premier paragraphe de l'article. Pourquoi la publication du *Bréviaire de la cohabitation* constitue-t-elle un risque?

III   L'article et l'image publicitaire suggèrent-ils la même idée de la cohabitation?

5. Les résultats des élections législatives

Les résultats

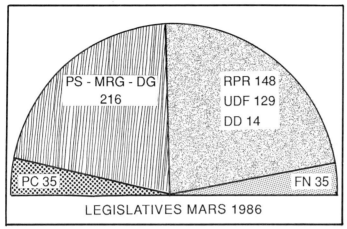
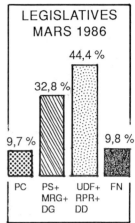

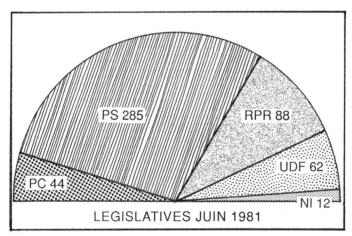
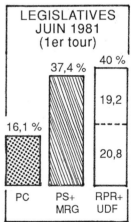

Sujets d'étude

I 1. Résumez les résultats des élections législatives de 1986 et comparez-les à ceux des législatives de 1982.
   2. Calculez le nombre total de sièges dans la nouvelle Assemblée.

---

* Div. G./D.: députés se situant à gauche/droite sans être membres d'un des partis figurant dans les graphiques.
  NI: non-inscrits = députés n'appartenant à aucun des groupes parlementaires.

Un jeu politique ouvert

La droite, toute la droite – RPR, UDF, Front national et divers – a largement gagné, hier, dans ce premier scrutin à la proportionnelle depuis la fondation de la Ve République. En effet, toutes ces formations devraient recueillir, si l'on croyait les estimations, quelque 330 députés alors que la gauche, toute la gauche – parti socialiste, parti communiste et divers – s'établira sans doute autour de 245–250 élus.

La première constatation qui s'impose est donc que la France a fortement voté à droite. Cette dernière, en pourcentage, devrait osciller autour de 54–55 % alors que la gauche recule à 44–45 %.

Faute d'avoir une majorité absolue confortable, faute d'avoir su faire taire ses divergences en cours de campagne, la coalition RPR-UDF, qui a proclamé sa vocation à gouverner et a présenté une plate-forme commune, se trouve maintenant dans le plus profond embarras. Il lui faudra un chef à la fois autoritaire et habile. Autoritaire pour souder les troupes, et habile pour déjouer les manœuvres de divisions.

L'autre grande leçon de ce dimanche est que le parti socialiste, soutenu par M. Mitterrand dans la dernière ligne droite, a réalisé un excellent score et, malgré son recul en nombre de députés, reste le premier parti de France.

Quant au parti communiste, son incapacité à remonter la pente se confirme.

Toutes les lignes de force de ce scrutin – majorité fragile pour le RPR et l'UDF, percée du Front national, résistance du parti socialiste après cinq années de pouvoir – débouchent sur une double conclusion: M. Mitterrand se tire au mieux d'une épreuve difficile et le jeu politique, hier soir, loin de se refermer, s'est largement ouvert.

© *La Voix du Nord,* 17 mars 1986

Vocabulaire

3 **largement** ici: nettement, avec une bonne avance   5 **la fondation** création, naissance   7 **une estimation** *Schätzung*   11 **s'établir autour de** ici: se situer autour de   16 **osciller** *schwanken*   17 **reculer** ici: perdre des voix, baisser   18 **faute de** *weil ... nicht, mangels* – **une majorité confortable** une nette majorité qui permet de gouverner sans avoir à craindre d'être mis en minorité au Parlement   20 **la divergence** désaccord, différence   21 **la vocation** *Ruf, Berufung, Bestimmung*   22 **la plate-forme** ici: programme politique commun élaboré par les partis de droite en vue des élections   24 **l'embarras** (m) confusion, gêne   26 **souder** réunir deux pièces de métal à l'aide d'une flamme de haute température, ici: (fig) unir, réunir, empêcher de se séparer   27 **déjouer** ici: agir contre, prévenir, empêcher   30 **soutenir qn** *jdn unterstützen*   31 **dans la dernière ligne droite** dans la dernière phase d'une course *(auf der Zielgeraden)* – **réaliser un excellent score** obtenir un très bon résultat   32 **le recul** perte, baisse   35 **l'incapacité** (f) *Unfähigkeit*   36 **remonter la pente** se redresser, améliorer sa situation en faisant un effort   37 **les lignes de force** caractéristiques les plus importantes   38 **fragile** qui se casse facilement   39 **la percée** *Durchbruch*   41 **déboucher sur** mener à, avoir pour résultat   43 **une épreuve** ici: situation compliquée, difficile à maîtriser *(Probe)*

Sujets d'étude

I   Résumez les principaux changements que les élections ont apportés au paysage politique français.

II   1. De quelles qualités le futur Premier ministre devra-t-il disposer?
   2. Pourquoi le jeu politique continue-t-il à rester largement ouvert?

Le Pen s'enracine

**S'il n'a pas retrouvé son score des européennes,
le Front national n'en a pas moins gagné son pari:
constituer un groupe parlementaire.**

Jean-Marie Le Pen a gagné, en partie, son pari. Certes, il n'atteint pas le seuil ambitieux qu'il s'était fixé (15 % des voix) et ne retrouve pas tout à fait son score des européennes (10,9 %). Il n'en reste pas moins qu'avec près de 10 % des suffrages et l'assurance de constituer un groupe parlementaire (trente-quatre élus), il peut à bon droit se féliciter de son succès. Un succès véritablement historique puisqu'il marque bien, non seulement la spectaculaire progression de cette famille politique en France, et cela en moins de cinq ans, mais aussi son enracinement.

Comme en juin 1984, le Front national obtient ses meilleurs résultats dans les zones urbaines et les grandes agglomérations de départements méridionaux, récoltant ainsi les fruits de sa campagne dénonçant l'immigration, l'insécurité et le chômage. Il progresse donc de la manière la plus spectaculaire dans les Bouches-du-Rhône, il est vrai que les thèmes qu'il a défendus ont irrigué toute la campagne.

Une fois les résultats engrangés, chacun s'interroge: et maintenant? Jean-Marie Le Pen réunira demain toute la journée, à la maison de la Chimie, à Paris, ses élus et responsables fédéraux. Pour l'instant l'heure semble être à la mesure, après une certaine mauvaise humeur. Le président du groupe des droites européennes se fait beau jeu d'ironiser à nouveau sur les instituts de sondage qui, malgré le précédent des européennes et des cantonales, avaient une nouvelle fois sous-estimé son score. Pour les mêmes raisons, Jean-Marie Le Pen a volontairement renoncé dimanche soir aux plateaux de la télévision et aux radios périphériques. Passé ce court moment de grogne, Jean-Marie Le Pen a retrouvé très vite une certaine sérénité. Il est clair que le président du Front national, fort du score de son mouvement, a mis un bémol à sa partition anti-cohabitationniste.

© *Le Figaro*, 18 mars 1986

Vocabulaire

1 **s'enraciner** prendre des racines, s'établir   4 **le groupe parlementaire** *Fraktion*   10 **l'assurance** (f) certitude   12 **méridional/e** du sud de la France   28 **irriguer** alimenter en eau *(bewässern;* ici: *durchdringen, ziehen)*   29 **engranger** emmagasiner ici: prendre note de   34 **l'heure est à la mesure** les choses se sont calmées, on est redevenu plus modéré   39 **les cantonales** (f) les élections cantonales (cf. **le canton**: unité administrative au-dessous du département)   42 **renoncer aux plateaux de la télévision** renoncer à s'exprimer dans le cadre d'une émission télévisée   44 **la radio périphérique** station de radio dont l'émetteur ne se trouve pas sur le territoire national *(Radio Monte-Carlo, Europe I, RTL)*   45 **la grogne** fort mécontentement   46 **la sérénité** le calme

Sujets d'étude

I   Expliquez la dernière phrase de l'article: «Il est clair que le président du Front national (...) a mis un bémol à sa partition anti-cohabitationniste.»

II   1. C'est dans les grandes agglomérations des départements méridionaux que le FN a obtenu ses meilleurs scores. Ce succès peut être considéré comme le résultat d'une campagne particulièrement bien ciblée. Quels étaient les thèmes ayant mobilisé l'électorat de droite en faveur du mouvement lepéniste dans ces régions?
   2. Pourquoi Jean-Marie Le Pen affiche-t-il une attitude plutôt négative face aux instituts de sondage et à l'égard des médias?

Barre: La traversée du désert commence à Lyon

La star des sondages a trébuché: déception du leader sur le plan national et défaite personnelle dans son fief lyonnais où il n'obtient que trois sièges.

Lyon (de notre correspondant)

Si ce n'est une déroute, c'est pour le moins une cuisante défaite qu'a connu Raymond Barre à l'occasion de ces législatives. Défaite personnelle dans le Rhône où, placée sous sa houlette, l'UDF a perdu deux députés. Mais aussi défaite du leader, puisque nationalement, les candidats qu'il a soutenus ou qui se sont réclamés de lui, n'ont pas réellement brillé.

Mais c'est bien sûr dans ce que l'on présentait jusqu'alors comme son fief, le Rhône, que la défaite de l'ancien Premier ministre est la plus frappante. Grandissime favori des sondages, qui lui laissaient espérer cinq, voire six sièges avec plus de 30 % des suffrages, il se retrouve avec seulement trois députés, à égalité avec le RPR Michel Noir qu'il devance légèrement en voix. Au passage il perd deux députés sortants et 6 % des voix sur le score réalisé au premier tour de 81 par Giscard. Et surtout, il est distancé par un Charles Hernu euphorique qui gagne deux points sur le score de Mitterrand en 81 et, avec cinq sièges, fait du PS le premier parti de ce département traditionnellement présenté comme conservateur.

Il semble bien que ce soit surtout le contenu même de la campagne de Raymond Barre, plus que sa forme, même si elle apparaissait souvent plus tournée vers l'échéance présidentielle, qui soit à l'origine de son mauvais résultat. Visiblement l'image de Baptiste tranquille a été doublée dans l'électorat de l'opposition par celle du diviseur. Et le RPR, qui présentait une équipe plus jeune d'hommes neufs, en a bien profité en martelant le thème de l'union. Raymond Barre n'a pas senti que

Raymond Barre sortant de l'isoloir

les longues analyses sur la Constitution l'éloignaient de son électorat. Il est certain aussi que sa très nette et courageuse profession de foi s'engageant à ne pas se servir des thèmes de l'immigration et de l'insécurité a décroché des électeurs sur son aile droite, notamment dans les banlieues de Lyon, qui se sont portés sur le Front national, grand profiteur de l'opération puisqu'il compte désormais deux députés. La situation politique française aura donc a compter avec cette nouvelle donnée: celui qui est devenu la star des sondages a trébuché sur son premier test en grandeur réelle.

© *Libération*, 18 mars 1986

Vocabulaire

3 **trébucher** perdre l'équilibre, tomber   5 **le fief** *Hochburg*   7 **la déroute** défaite totale, échec complet   8 **cuisant/e** douloureux, dur à supporter   11 **sous la houlette de** sous la direction de   38 **l'échéance présidentielle** ici: les élections présidentielles (cf. **échéance** (f): *Termin, Fälligkeit*)   51 **décrocher** ici: enlever   58 **la donnée** *Gegebenheit*

Sujets d'étude

I   Expliquez, à l'aide d'un dictionnaire, les expressions suivantes: la traversée du désert, grandissime favori des sondages, marteler le thème de l'union.

II   D'après cet article quelles sont les causes de l'échec de Raymond Barre?

III   Le tableau suivant rend compte des décalages à Lyon entre les sondages et les résultat:

	sondages %	élections %
R. Barre (UDF)	34	22,67
M. Noir (RPR)	12	21,77
B. Gollnisch (FN)	8	13,24
Ch. Hernu (PS)	31	29,28

Comme vous pouvez le constater, les changements intervenus concernent surtout la droite. Décrivez ces changements. Quelles sont les conséquences politiques qui peuvent en résulter?

Michel Noir et Jaques Chirac

Charles Hernu

Le dépouillement

La une des journaux

Sujets d'étude

I   Essayez de définir, à partir des gros titres, l'orientation politique des différents journaux. Dans quel(s) cas cela vous paraît-il difficile ou impossible?

II   Expliquez le paradoxe contenu dans la caricature de Wolinski.

III   Parmi les gros titres que vous venez d'étudier lequel pourrait servir de légende à cette caricature?

À chaud, les réactions

R. Barre : Le désaveu

« Le désaveu est incontestable, il atteint non seulement l'ancienne majorité, mais aussi le président de la République, premier responsable de la politique menée depuis cinq ans. C'est la première fois que sous la Ve République un président perd les élections législatives.

Je ne ferai rien qui puisse, de quelque façon, perturber l'action que mèneraient ceux qui, dans la nouvelle majorité, accepteront la reponsabilité de gouverner. Je souhaite que la France puisse retrouver le plus rapidement possible la cohésion de ses institutions. »

J. Chirac :
Ni sectarisme ni esprit de revanche

« Les Français ont manifesté la volonté de voir se constituer un gouvernement nouveau, ils ont décidé, par là-même que ce gouvernement devrait mener une politique nouvelle, celle que le RPR et l'UDF ont proposée à leurs suffrages et qu'ils ont approuvée en leur donnant la majorité. Maintenant, c'est à tous les responsables de notre vie nationale d'assurer le respect de la volonté populaire et de la mettre en œuvre sans faiblesse. La nouvelle majorité, consciente de la mission dont le peuple français vient de l'investir se sent désormais responsable du redressement et de l'avenir de notre pays. »

L. Fabius :
Le grand mouvement de l'espoir

« Trois faits sont acquis : d'abord les listes pour la « majorité de progrès » avec le président de la République, composée essentiellement du Parti socialiste et du Mouvement des radicaux de gauche, ces listes obtiennent un score tout à fait honorable. Ensuite, les partis de droite n'atteignent pas les chiffres qu'ils espéraient. Enfin, le Front national remporte un nombre important de sièges, ce qui suscitera l'inquiétude légitime chez tous les démocrates.

Il y aura d'autres échéances et nous sommes plus que jamais le grand mouvement de l'espoir. »

G. Marchais :
« Ils » ont ouvert la porte à la droite

« Depuis 1981, c'est le parti socialiste qui avait tous les pouvoirs. Elu pour faire une politique nouvelle, les dirigeants de ce parti ont fait le contraire de ce qu'ils avaient promis. Ils ont repris les mauvaises recettes de la droite en menant une dure politique d'austérité qui a affaibli la France, augmenté le chômage, accru toutes les inégalités. Ils ont ainsi ouvert la porte à la droite. »

J.-M. Le Pen : Une grande victoire

« Nous avons remporté une grande victoire politique qui est en même temps un soufflet au système décadent du terrorisme intellectuel. Je suis, ce soir, grâce à vous, heureux et fier d'être Français. La gauche est battue et largement battue. (...) Malgré les rodomontades du RPR et de l'UDF, l'opposition n'atteint pas la majorité qu'elle avait annoncée à son de trompe. Sans ses exclusives, l'opposition disposerait des moyens de gouverner la France et de rompre avec le socialisme. »

© *La Croix*, 18 mars 1986

Vocabulaire

2 **le désaveu** contr. : approbation, confirmation   30 **incontestable** évident, indiscutable – **atteindre** ici : concerner   11 **perturber** déranger, gêner   15 **la cohésion** *Zusammenhalt, Funktionsfähigkeit*   17 **le sectarisme** intolérance, dogmatisme   20 **se constituer** se former   28 **mettre en œuvre** ici : réaliser   36 **un fait acquis** élément confirmé et certain   41 **le score** résultat   45 **susciter** provoquer   48 **l'échéance** (f) date à laquelle une chose doit arriver, ici : élections   58 **la recette** *Rezept*   59 **une politique d'austérité** politique qui vise à réduire les dépenses de l'État   60 **accru/e** part. passé du verbe **accroître**, ici : augmenter, renforcer   66 **le soufflet** (fig) gifle, humiliation   70 **la rodomontade** *Prahlerei, Großtuerei*   72 **à son de trompe** à grand bruit   73 **l'exclusive** (f) ici : le fait d'exclure une alliance avec le FN

Sujets d'étude

I Comparez les réactions des différents hommes politiques en leur attribuant les adjectifs suivants: content, mécontent, accusateur, autocritique, apaisant, provocateur, modeste, triomphaliste, défensif, agressif, constructif, obstructionniste, rassembleur, diviseur, neutre, diffamatoire, coopératif, sectaire.

II Dans quelles déclarations est-il fait référence aux partis politiques? Sous quelle forme et à quelles fins?

La déclaration de F. Mitterrand à la télévision

«Le respect scrupuleux de nos institutions»

Voici la déclaration intégrale du président de la République, lundi soir 17 mars sur les trois chaînes de télévision nationales et à la radio en direct du Palais de l'Élysée:

«Vous avez élu dimanche une majorité nouvelle de députés à l'Assemblée nationale. Cette majorité est faible numériquement, mais elle existe. C'est donc dans ses rangs que j'appellerai demain la personnalité que j'aurai choisie pour former le gouvernement selon l'article 8 de la Constitution.

M. Laurent Fabius m'a informé ce matin qu'il était prêt dès maintenant à cesser ses fonctions. J'ai pris acte de sa démarche et lui ai demandé de rester à son poste avec les autres membres du gouvernement jusqu'à la nomination de son successeur.

Ainsi restera assurée l'indispensable continuité des pouvoirs publics. Vous m'en avez donné mandat en 1981, et vous m'en avez fait par là-même un devoir, je m'y conformerai.

Les circonstances exigent que tout soit en place d'ici peu. Je remercie la majorité sortante pour le travail qu'elle a accompli avec courage et détermination. Elle laisse la France en bon état et peut être fière de son œuvre.

Je forme des vœux pour que la majorité nouvelle réussisse dans l'action qu'elle est maintenant en mesure d'entreprendre, selon les vues qui sont les siennes. Je mesure l'importance du changement qu'implique dans notre démocratie l'arrivée aux responsabilités d'une majorité politique dont les choix différent sur des points essentiels de ceux du président de la République. Il n'y a de réponse à cette question que dans le respect scrupuleux de nos institutions et la volonté commune de placer au-dessus de tout l'intérêt national.

Quant à moi, dans la charge que vous m'avez confiée et que j'exerce, je m'attacherai à défendre partout, à l'intérieur comme à l'extérieur, nos libertés et notre indépendance, notre engagement dans l'Europe, notre rang dans le monde.

Mes chers compatriotes, ayons confiance. Au-delà des divergences bien naturelles qui s'expriment à chaque consultation électorale, ce qui nous rassemble est plus puissant encore: c'est l'amour de notre patrie.

Vive la République, vive la France.»

Vocabulaire

2 **scrupuleux/-se** consciencieux, rigoureux   4 **intégral/e** complet   18 **prendre acte de** prendre note de *(zur Kenntnis nehmen)*   22 **indispensable** (adj) dont on ne peut se passer, qui est absolument nécessaire   26 **se conformer à** respecter   32 **l'œuvre** (f) travail *(Werk)*   33 **former des vœux pour que** (+subj) souhaiter que (+subj)   34 **être en mesure de** être capable de   36 **la vue** ici: fa

Sujets d'étude

I   Quel est le contenu de l'article 8 de la Constitution, cité par F. Mitterrand? (cf. p. 25)

II 1. F. Mitterrand parle de «majorité sortante» et de «nouvelle majorité». De quels partis politiques ces majorités sont-elles constituées?
    2. Sur quel ton le président parle-t-il de la «majorité sortante»?
    3. Quelle est son attitude à l'égard de la «nouvelle majorité»?

III 1. Quelle conception de la fonction présidentielle se dégage-t-elle des propos de F. Mitterrand? Quel est le rôle réservé aux partis politiques dans cette conception?
    2. Imaginez le scénario suivant: À l'issue d'élections législatives, la gauche l'emporte sur la droite qui était au pouvoir jusque-là. Dans une brève intervention télévisée, F. Mitterrand commente l'événement. Rédigez ce discours présidentiel.

La mise en place du nouveau gouvernement

Le 18 mars, Jacques Chirac est convoqué à l'Élysée par le président Mitterrand qui lui demande de soumettre des propositions pour la formation du nouveau gouvernement, propositions qui ne deviendront effectives qu'après confirmation par le président lui-même.

Le 20 mars, Jacques Chirac est officiellement nommé à la tête du gouvernement. Dans une déclaration à la presse, il annonce que les premières mesures à prendre par le nouveau gouvernement viseront la privatisation d'une bonne partie des entreprises nationalisées et le rétablissement du scrutin majoritaire.

Le coup d'envoi du match de la cohabitation est donné. La partie se jouera sur un terrain lourd, et son issue est loin d'être certaine.

© Joël Bath, avril 1986

Vocabulaire

1 **la mise en place** installation   2 **convoquer** appeler à un entretien   6 **devenir effectif/-ve** entrer en vigueur, devenir applicable   15 **le rétablissement** réintroduction   17 **le coup d'envoi** ici: signal de départ   19 **un terrain lourd** en football: terrain où, après une pluie, on a du mal à jouer – **l'issue** (f) aboutissement, résultat

Sujet d'étude

II Quel intérêt le nouveau gouvernement peut-il porter à un changement du mode de scrutin pour les élections législatives?

II Partis politiques et problèmes de société 1986-88
A Problèmes de l'immigration

Depuis quelques années, on assiste en France à la montée d'un climat d'hostilité à l'égard des immigrés. Ceux-ci se voient parfois accusés d'être à l'origine de tous les maux de la société, depuis le chômage jusqu'à l'insécurité dans les grandes villes. La gauche, même si elle a pratiqué une politique assez stricte dans l'ensemble, s'est toujours vue reprocher ses générosités du début. Le Front national entretenant, avec un succès grandissant, cette peur de l'étranger, l'opposition libérale et conservatrice ne voulait pas être en reste. Ainsi a-t-elle contribué à ce que ce thème joue un rôle important pendant la campagne électorale.

Après les élections législatives, la nouvelle majorité s'engagea rapidement dans la voie de la rigueur à l'égard des immigrés, d'un côté par des actes concrets de répression (cf. texte 1), de l'autre par une nouvelle législation en la matière, qui devait notamment comprendre une réforme du code de la nationalité. Or, ce projet de réforme a déclenché un vaste débat national, dans lequel se sont impliqués non seulement les partis politiques, mais aussi des groupes très divers, comme par exemple les Églises et un certain nombre d'organisations humanitaires et antiracistes.

1. Application de la loi!

Le départ forcé de cent un Maliens vers Bamako

Cent un Maliens, qui, selon M. Pandraud, ministre délégué chargé de la sécurité, se trouvaient en situation irrégulière en France, ont été renvoyés dans leur pays, samedi 18 octobre.
L'embarquement nocturne pour Bamako de cent un Maliens, dans un avion charter aussi clandestin que ceux qu'on y plaça, fait choc par le nombre des passagers. Effet de masse. Mais il ne faut pas s'illusionner: cette opération s'est déroulée derrière le rempart de la loi et sous la protection d'une bonne partie de l'opinion, chauffée par l'insécurité et les campagnes sur la drogue. On la braverait, l'opinion, en faisant preuve de mansuétude et d'humanité plutôt qu'en appliquant la politique annoncée avant les élections et légalisée ensuite.
Car, à peu de choses près, la massive «reconduite à la frontière» à laquelle il vient d'être procédé a respecté les formes de la nouvelle légalité. On peut seulement s'interroger sur le point de savoir si tous les «irréguliers» ont bien été – comme le prévoit la loi du 9 septembre 1986 – «mis en mesure d'avertir un conseil, leur consulat ou une personne de leur choix». On peut encore se demander si, pour cinq individus ainsi chassés, il était convenable d'utiliser ce qu'un fonctionnaire de l'intérieur a appelé «une violence nécessaire» pour les contraindre à s'asseoir dans l'avion.
Pour le reste, c'est la surprise qui surprend. La nouvelle majorité l'a voulu ainsi et a voté pour cela. C'est une autre forme de l'État de droit, à laquelle il faudra bien s'habituer. La gêne ressentie jusque dans la majorité après l'opération de samedi et ses airs de douteuse «*rafle*» a été exprimée de manière touchante par M. Claude Malhuret, secrétaire d'État aux droits de l'homme. Il a regretté de ne pas avoir été prévenu, mais a souligné que la loi avait été respectée. Il a seulement noté que l'effet de masse pouvait apparaître choquant et suggéré qu'on s'éviterait bien des inconvénients si l'on procédait par petits paquets – comme avant! – plutôt que par sinistres fournées.

© *Le Monde*, 21 octobre 1986

Vocabulaire
41 **un embarquement** ici: *Transport*   43 **clandestin/e** *heimlich, illegal, im Untergrund lebend* (cf. **passager clandestin** *blinder Passagier*)   47 **le rempart** *mur (de protection)*   51 **la mansuétude** *Milde*   74 **la gêne** *Verlegenheit*   76 **la rafle** *arrestation en masse, opérée par surprise*   85 **sinistre** *qui inspire peur et antipathie* – **la fournée** *Ladung*

Sujets d'étude

I   1. Racontez ce qui s'est passé.
      2. S'agit-il d'un événement exceptionnel?

II   1. Quelle est l'attitude du journaliste à l'égard des faits qu'il rapporte? Par quels moyens stylistiques et rhétoriques l'exprime-t-il?
      2. Analysez forme et contenu du titre.
      3. Quels sont les aspects les plus importants de l'argumentation de cet article (juridique, politique, moral, etc.)?

2. «Avis aux étrangers»

Le projet de loi relatif aux conditions d'entrée et de séjour des étrangers en France, déposé en 1986 sur le bureau de l'Assemblée nationale prévoit: l'expulsion administrative, la levée des garanties judiciaires, notion discutable de «*menace pour l'ordre public*», la fin de l'automaticité du renouvellement de la carte de séjour. Dans une déclaration publiée le 20 juin, la Ligue des droits de l'Homme jugeait, avec une trentaine d'autres associations, le texte «*extrêmement dangereux*»:
«*Ne sont plus garantis contre l'expulsion ni ceux qui sont entrés en France avant l'âge de dix ans, ni ceux qui y résident régulièrement depuis plus de dix ans dès lors qu'ils ont été condamnés à un moment quelconque pour une infraction mineure, ni les mineurs de dix-huit ans dans la mesure où ils peuvent être contraints à suivre leurs parents expulsés.*»
(...)

Derrière M. Pierre Mazeaud, député RPR de Haute-Savoie, d'autres pensent déjà à une refonte du code de la nationalité, non plus fondé sur le *ius soli*, le droit du sol, mais sur une curieuse adhésion à une singulière identité française, par un examen de passage et un serment de fidélité à la Constitution.

Tribut payé aux aspirations sécuritaires d'une partie de la société française, ces diverses initiatives, sans régler aucun des problèmes qu'elles devraient résoudre, aboutissent à ce résultat paradoxal: l'insécurité règne dans la population immigrée. (...)
Beaucoup, en effet, sont rentrés depuis qu'un sentiment croissant d'hostilité s'est combiné aux difficultés économiques pour faire sentir aux immigrés la rigueur des temps.
L'éventualité d'un retour au pays, sa possibilité même se pose en termes de générations. Beaucoup de jeunes issus de l'immigration sont nés ici. Pour eux, le mot «retour» ne signifie rien. Pour beaucoup d'autres, venus enfants en France, cela n'a pas plus de sens.
C'est pourquoi les jeunes Arabes de Lyon et banlieue ont inscrit sur leurs badges, dans un hexagone, leur profession de foi: «*J'y suis, j'y reste.*»
La menace de l'expulsion est vécue comme une mesure de suspicion *a priori* par la jeunesse issue de l'immigration, et l'expulsion pour délit mineur comme une double peine, *un bannissement*, peu compatible avec l'égalité de tous devant la loi.

© *Le Monde diplomatique*, août 1986

Vocabulaire

5 **l'expulsion** (f) *Ausweisung*   6 **la levée** *Beseitigung, Abschaffung*   7 **la notion** *Begriff*   9 **la carte de séjour** *Aufenthaltsgenehmigung*   17 **dès lors que** *sobald, sofern*   19 **une infraction** *Verstoß*   20 **mineur/e** sans importance, ici: qui n'a pas encore 18 ans, qui n'est donc pas «majeur»   21 **contraint/e** part. passé du verbe **contraindre** obliger, forcer   26 **la refonte** le fait de donner une nouvelle forme à qch, de modifier complètement   27 **ius soli** (mot latin) droit du sol: le fait d'être considéré comme Français, Allemand, etc. parce qu'on est né sur le territoire français, allemand, etc. (cf. article suivant)   28 **l'adhésion** (f) *das Akzeptieren, die Zustimmung; Mitgliedschaft, Teilhabe*   30 **le serment de fidélité** *Treueeid*   32 **les aspirations** (f) tendances, buts   36 **aboutir à** mener à, avoir pour résultat   40 **croissant** part. passé du verbe **croître** augmenter, devenir plus grand – **une hostilité** (f) *Feindseligkeit*   42 **la rigueur** *Strenge, Härte*   45 **se pose en termes de générations** se pose de façon différente selon les générations   52 **le badge** *Button*   53 **un hexagone** *Sechseck, geometrische Vereinfachung der Frankreichkarte* – **la profession de foi** ici: *Bekenntnis*   56 **la suspicion** *Verdächtigung, Mißtrauen*   59 **le bannissement** *Ächtung, Bann*

Sujets d'étude

I   1. Citez les changements les plus importants que le gouvernement réserve aux étrangers.
    2. Quelle est la différence entre un étranger et un immigré?

II 1. Expliquez l'origine du climat d'insécurité qui règne parmi les immigrés.
    2. En quoi et pourquoi les jeunes immigrés n'ont-ils pas les mêmes réactions que leurs parents?

III Définissez votre propre position par rapport aux formules suivantes: «J'y suis, j'y reste» (slogan de jeunes immigrés) / «Il faut s'assimiler pleinement à la France ou repartir» (un député UDF).

3. Le projet de loi sur la nationalité

Une interview avec M. Jacques Toubon, secrétaire général du RPR

«Être Français, ce n'est pas rien»

– *Ce n'est pas la gauche, mais une majorité gaulliste qui avait établi, en 1972, le code actuel de la nationalité. Pourquoi remettez-vous en question cette législation qui allie «droit du sang» (l'acquisition de la nationalité française par filiation) et «droit du sol» (l'acquisition par naissance en France)?*

– Les modifications envisagées sont assez limitées et ne mettent pas en cause le principe fondamental du *ius soli* (droit du sol). Ce n'est pas un bouleversement. Il s'agit, d'une part, de lutter contre la fraude: je pense, en particulier, aux nombreux «mariages blancs» que des étrangers contractent avec un Français ou une Française dans le seul but d'acquérir la nationalité. Et, d'autre part, de faire en sorte que les jeunes étrangers nés en France ne deviennent pas Français à leur majorité sans l'avoir demandé, parfois même sans le savoir. Être Français, ce n'est pas rien. Ce n'est pas seulement un papier, une formalité, mais une valeur. La législation actuelle fait bon marché de cette valeur. Notre générosité, qui s'était traduite dans les lois, n'est plus possible à ce niveau, elle doit subir des restrictions.

– *Entre quatre-vingt mille et cent mille personnes, nées de parents étrangers, acquièrent chaque année la nationalité française. Cela vous paraît-il excessif?*

– Aujourd'hui, je crois qu'il est opportun de restreindre l'installation des immigrés en France, et, en matière de nationalité, si l'on réduisait de moitié, par exemple, ces chiffres, cela me paraîtrait plus conforme à la situation. Mais le problème est moins quantitatif que moral. Il ne s'agit pas d'empêcher de devenir Français ceux qui le souhaitent ardemment et remplissent les conditions légales, mais de faire en sorte qu'ils soient pleinement conscients de ce que cela signifie.

– *Beaucoup de jeunes Maghrébins nés en France préfèrent acquérir la nationalité française discrètement, pour ne pas provoquer une cassure avec leurs parents. Vous allez les mettre dans une situation impossible.*

– C'est quand même un argument étonnant! Il conforte la thèse que je soutiens. On ne peut pas acquérir la nationalité française par simple commodité. Il faut reconnaître la valeur d'être Français, de le devenir autrement que pour les avantages économiques et sociaux que cela comporte. Il faut manifester une volonté de participer à la communauté française, quitte à conserver un certain nombre de différences. L'expression publique de la volonté d'être Français est un élément déterminant d'intégration.

© *Le Monde*, 5 novembre 1986

Vocabulaire

15 **le bouleversement** modification radicale   17 **la fraude** *Schwindel, Betrug*   29 **faire bon marché de qc** accorder peu de valeur à qc   38 **restreindre** limiter   46 **ardemment** (adv) de façon très intense, passionnément   53 **la cassure** *Bruch*   57 **soutenir une thèse** exprimer, défendre une opinion   65 **quitte à** ici: tout en étant/restant libre de

Sujets d'étude

II   1. Analysez les procédés argumentatifs de J. Toubon:
Il cherche à minimiser/réduire l'importance des problèmes lorsque/quand il dit/prétend que...
Il en appelle à... Il souligne, met en valeur..., etc.
2. Lorsque J. Toubon dit: «... cela me paraîtrait plus conforme à la situation», quelle était la situation antérieure permettant ou exigeant, apparemment, plus de générosité?

4. Un serment ne prouve rien

«Voilà un texte qui, au lieu de régler un problème, va en créer de nouveaux, plus graves», s'indigne Hervé Le Bras, directeur de recherche à l'Institut national d'études démographiques.
«Que va-t-on faire de tous les jeunes qui verront leur demande refusée? Les expulser dans leur pays d'origine? Rien ne prouve que l'Algérie ou le Maroc soient prêts à les accueillir: on va créer des étrangers en France. Ces gens-là vont se replier sur leurs valeurs, sur une religion qu'ils étaient généralement en train de délaisser. Ils vont s'organiser. Bref, on va fabriquer des poches de résistance, de véritables ghettos, où se cristalliseront tous les maux contre lesquels on prétend lutter.»
«Bien sûr, on peut toujours rétorquer que la loi sera interprétée de façon légère. Je n'y crois pas: les lois sont faites pour être appliquées. Ou alors il fallait créer une loi légère.»
«Si on n'avait pas touché au code de la nationalité, les enfants nés en France de parents étrangers se seraient tout doucement assimilés: dans quinze ou vingt ans, il n'y aurait pas eu de différence entre eux et les autres Français, sauf de niveau social. Le taux de fécondité des femmes se serait progressivement rapproché de celui des Françaises. Cela s'est toujours passé comme cela, pour toutes les vagues d'immigration qu'a connues la France.»
«Au moment où l'on dépense de l'argent pour le troisième enfant, pourquoi rejeter des gens qu'on a élevés en France? Il n'y avait aucune raison objective de s'attaquer au code de la nationalité. Sinon contenter l'électorat de Jean-Marie Le Pen. C'est un calcul munichois de la part de la majorité. Et c'est un signe de décadence qu'un thème grave comme celui de la nationalité devienne un enjeu politicien.»

© *L'Express*, 31 octobre 1986

Vocabulaire

12 **se replier sur** *sich zurückziehen auf*   14 **délaisser** *abandonner, laisser tomber*   16 **la poche de résistance** *Widerstandsnest*   19 **rétorquer** *répondre, formuler une objection*   30 **le taux** *Rate, (Zins-)Satz* – **la fécondité** *Fruchtbarkeit*   41 **munichois** ici: *défaitiste; allusion aux accords de Munich (Münchner Abkommen, 1938) par lesquels la France et la Grande Bretagne ont accepté la politique expansionniste de Hitler en Tchécoslovaquie*

Sujets d'étude

I   Expliquez à l'aide d'un dictionnaire les mots suivants: démographie/démographiques; ghetto; s'assimiler/assimilation; enjeu politicien.

II   Enumérez les dangers que, selon H. Le Bras, va créer ce projet de loi.

III   Imaginez la réponse de J. Toubon à l'affirmation: «Il n'y avait aucune raison objective de s'attaquer au code de la nationalité.»

5. Code de la nationalité, suite et fin

Le projet d'un nouveau code de la nationalité a provoqué des réactions extrêmement vives. On a vu se mobiliser non seulement les partis de gauche, mais tout autant, sinon davantage, des organisations de défense des droits de l'homme, des groupes antiracistes ainsi qu'une bonne partie des Églises catholique et protestante. Dans le contexte de l'agitation étudiante de novembre 1987 (cf. chap. II/B) le Premier ministre a décidé d'annuler une session extraordinaire du Parlement pendant laquelle ce projet aurait dû être voté. Ce fut le début de la fin de cette réforme qui n'a plus jamais été soumise au vote du Parlement.

B La nouvelle majorité face à la contestation étudiante et lycéenne

La réforme des études secondaires, et surtout universitaires (projet Devaquet) semblait «passer comme une lettre à la poste». Or, en très peu de temps, la contestation de quelques «points noirs» du nouveau dispositif s'est transformée en mouvement d'ampleur nationale. Depuis les événements de mai 68, on n'avait plus assisté à une telle mobilisation de la jeunesse. Les textes de ce chapitre retracent l'historique de ce mouvement étudiant et lycéen; ils proposent aussi des éléments qui permettent de mieux en analyser les origines et d'en mesurer l'impact sur la vie du pays.

1. Les trois points noirs du projet Devaquet

Que contenait-il, ce fameux projet présenté par Alain Devaquet, ministre délégué à la Recherche et à l'Enseignement supérieur? En tout, 44 articles portant sur le statut des universités, leur financement, les études et les diplômes, les personnels enseignants...

Dès son passage au Sénat, il a soulevé autant de tollé de la part des ultras de droite, qui trouvaient qu'il n'allait pas assez loin dans le sens de l'autonomie, que des syndicats et partis de gauche. La majorité des présidents d'université le jugeaient également «inutile» et «rétrograde».

Outre quelques dispositions de taille, telles que la possibilité pour les universités de se scinder en unités autonomes (au détriment de la pluridisciplinarité) et le retour en force des professeurs dans les conseils, ce sont surtout trois points qui ont cristallisé l'angoisse des étudiants:

La sélection

D'après l'article 31, les universités auraient été libres de «déterminer les conditions d'accès aux différentes formations». N'allaient-elles pas se mettre à exiger telle mention au bac ou la réussite à un examen d'entrée? De même, elles étaient autorisées à fixer les conditions de passage d'un cycle à l'autre.

Les droits d'inscription

La loi prévoyait la possibilité de les moduler dans une fourchette de 1 à 2 (de 600 F à 1 200 F). Un vent de panique a couru: n'était-ce pas aller droit vers une université pour riches et une université pour pauvres?

Les diplômes

Le projet stipulait qu'il y aurait des diplômes nationaux et des diplômes d'université – ce qui existe déjà – mais tous porteraient le nom de l'établissement qui les a délivrés. D'où le risque que les employeurs fassent le tri entre «bonnes» universités et «mauvaises».

Bref, c'est le souci d'égalité et de justice qui a guidé l'action étudiante et lycéenne: inquiétude et générosité.

© *Phosphore*, janvier 1987

Vocabulaire

26 **soulever un tollé** provoquer des protestations énergiques   32 **rétrograde** pas orienté dans le sens du progrès; contr.: progressiste   36 **se scinder** se diviser   38 **en force** massif   39 **les conseils** (m) ici: *Mitbestimmungsgremien*   46 **la mention** *Bewertung, Note*   49 **le cycle** ici: *Studienabschnitt*   51 **moduler** ici: varier, modifier   52 **la fourchette** ici: *Spanne*   57 **stipuler** (jur) fixer; prévoir   61 **délivrer** (un passeport, un diplôme, etc.) *ausstellen*   62 **faire le tri** faire une distinction, un choix

Sujets d'étude

II Les «trois points noirs du projet Devaquet» ne suffisent pas à expliquer, à eux seuls, la naissance d'un tel mouvement. Quels autres éléments du contexte politique de l'époque peuvent contribuer à expliquer l'ampleur de la mobilisation étudiante et lycéenne?

III 1. Contrairement à ce qui s'est passé en France, les grands mouvements de masse, en République fédérale, ne se sont pas déclenchés à partir de problèmes d'école et de formation, mais... Citez quelques exemples et donnez votre avis.
2. Expliquez à un jeune Français les préoccupations de votre génération des jeunes Allemands.

2. Le film des événements

11 juillet: le Conseil des ministres adopte le projet de loi présenté par Alain Devaquet.

30 octobre: le Sénat vote en première lecture le projet qui doit être examiné à partir du 27 novembre par l'Assemblée nationale.

17 novembre: en opposition au projet de loi, **la grève éclate à Villetaneuse et s'étend rapidement à Paris et en province.** Le 21 novembre, une dizaine d'universités (sur 78) sont en grève, entraînant avec elles les lycéens.

22 novembre: l'UNEF-ID organise à la Sorbonne ses états généraux. 2 000 étudiants lancent un appel à la grève générale et mettent en place une «coordination nationale étudiante».

23 novembre: manifestation de la FEN qui rassemble une foule importante sur le thème «Pour l'avenir de l'enfance et de la jeunesse».

25 novembre: une cinquantaine d'universités sont en grève. Plusieurs milliers de lycéens défilent à Paris et en province.

27 novembre: 500 000 jeunes sont mobilisés sur toute la France. Plusieurs centaines de milliers de manifestants se regroupent devant l'Assemblée nationale qui doit examiner le projet. Cet examen est remis au lendemain.

28 novembre: le projet est renvoyé à la commission des Affaires culturelles de l'Assemblée pour réécriture des points incriminés. La coordination étudiante continue à demander le retrait total.

1er décembre: dans les bahuts, les lycéens inventent la grève «à la japonaise»: ils suivent les cours tout en manifestant leur opposition par des brassards ou des autocollants.

4 décembre: près d'un million de manifestants sur toute la France. 8 km de défilé à Paris. Échec du dialogue entre René Monory, ministre de l'Éducation, et la coordination étudiante. Heurts avec la police qui font deux blessés graves.

5 décembre: 20 000 jeunes défilent à Paris pour protester contre les violences policières. À 20 heures, R. Monory annonce le retrait des trois points contestés. Tard dans la soirée, au cours d'une opération de «nettoyage», **un jeune étudiant, Malik Oussekine, meurt après avoir été frappé par la police.**

6 décembre: 30 000 jeunes manifestent au Quartier latin pour clamer leur indignation. À 21 heures, violents incidents. Jusqu'à 3 heures du matin, des «casseurs» non étudiants pillent et incendient.

7 décembre: la coordination étudiante appelle à une journée «jeunesse en deuil» et à une manifestation nationale le 10.
8 décembre: à 13 heures, J. **Chirac annonce le retrait du projet de loi.** À 18 h, R. Monory confirme: il n'y aura pas de réforme, ni dans les lycées, ni à l'université.

10 décembre: manifestation nationale sur le thème «Plus jamais ça» pour protester contre les violences policières. De très nombreux adultes (syndicats, enseignants, parents) se joignent aux défilés des étudiants et lycéens.

© *Phosphore*, no. 72, janvier 1987

Vocabulaire

15 **UNEF-ID** Union nationale des étudiants de France indépendante et démocratique (syndicat d'étudiants) **états généraux** assemblée convoquée dans le but de prendre des décisions ou de formuler des revendications importantes (en 1789, ce sont les états généraux qui ont déclenché la Révolution française) 20 **FEN** Fédération de l'Éducation nationale (syndicat d'enseignants) 26 **défiler** manifester en marchant dans les rues 32 **remettre au lendemain** *um einen Tag verschieben* 36 **incriminé/e** contesté 37 **le retrait** ici: *Zurücknahme, Verzicht* 38 **le bahut** (arg. scolaire) collège, lycée 41 **le brassard** *Armbinde* – **un autocollant** *Aufkleber* 47 **le heurt** choc, échange de coups 61 **piller** *plündern* 63 **le deuil** après la mort d'une personne qu'on aimait (bien), on est en deuil 74 **se joindre à** *sich anschließen*

Sujet d'étude

II Que pensez-vous des arguments suivants:
«Les lois sont votées au Parlement. Les étudiants n'ont pas le droit de s'y opposer.» / «Le droit de manifester est un élément essentiel de toute démocratie. Il faut bien s'en servir de temps en temps.»

3. Étudiants: le réveil en sursaut

Ils se mobilisent contre la réforme des universités. Hostiles à la sélection, craignant le chômage. Et, comme en 1968, leur contestation gagne les lycées.

On les disait atones, individualistes, apolitiques, obnubilés par leurs diplômes. On les découvre dressés contre le projet de loi sur l'enseignement supérieur présenté par Alain Devaquet. Caen, Dijon, Metz, Toulouse, Nanterre, Jussieu... Entassés dans des amphis archicombles, les étudiants, depuis le 17 novembre, votent la grève, paralysent leur fac, organisent des manifs. Simple poussée d'adrénaline ou fièvre maligne?
Malgré des assemblées générales, des «prises de parole» et des créations de commissions en tout genre, cette génération ne cherche pas à faire la révolution. Elle lance un avertissement au gouvernement: «Pas question de généraliser la sélection à l'entrée de l'université, de doubler les droits d'inscription en fac ou de toucher aux diplômes nationaux», résume Zoé, étudiante en histoire à Nanterre (Paris X).

«Cette grève n'est pas folklorique, conclut Alain, un Lyonnais de 21 ans. Ce n'est pas une grève étudiante de plus, mais le combat d'une armée de gens qui ne veulent pas grossir les rangs des deux millions de chômeurs.»
«À quoi bon se farcir quatre ou cinq années de fac s'il faut, ensuite, s'inscrire à l'ANPE?» s'interroge Benoît, étudiant en lettres à la Sorbonne. Le spectre du chômage rôde partout. Et, en défilant le 27 contre la loi Devaquet, c'était aussi contre les «bavures policières» ou la refonte du code de la nationalité que certains protestaient. Leur génération aura découvert la politique sous la gauche; ils se trouvent, pour la première fois, face à un gouvernement de droite. D'où cette réaction gauchisante qui emprunte ses arguments autant à l'idéologie égalitariste qu'au sentiment d'incertitude.
Leur grève s'éteindra-t-elle comme elle s'est allumée?

© *L'Express*, 10 janvier 1987

Vocabulaire

6 **atone** sans élan   7 **être obnubilé par une idée** n'avoir que cette idée en tête   8 **dressé contre** opposé à   11 **entassé** *zusammengepfercht*   12 **un amphi(théâtre)** *Hörsaal* – **archi-** (pop) extrêmement – **comble** plein   14 **la fac(ulté)** ici: université – **la manif** abrév. de manifestation **malin/-igne** *bösartig*   19 **en tout genre** de toute sorte   21 **lancer un avertissement** *warnen*   27 **folklorique** ici: amusant, pas sérieux   31 **grossir les rangs de** augmenter le nombre de   33 **se farcir 4 années de fac** (pop) passer 4 années à l'université   34 **s'inscrire à l'ANPE** (Agence nationale pour l'emploi) *sich arbeitslos melden*   36 **le spectre** fantôme   37 **rôder** errer, se promener sans but précis   39 **la bavure** faute grave – **la refonte** ici: modification radicale

Sujets d'étude

II   Les jugements du journaliste de *L'Express* sont avancés avec beaucoup de prudence, voire d'hésitations
– Qu'est-ce qui peut expliquer cette attitude?
– Comment cette attitude se reflète-t-elle dans la forme de l'article?
– Quelles explications le journaliste avance-t-il quand-même?

4. Qui manipule qui?

(...) Les votes sont tous à main levée, des compteurs du service d'ordre recensent un à un les mandats.

5 Après plusieurs batailles de procédure, Isabelle* n'est pas réélue. Elle nous dira, quelques jours plus tard: «Je comprends que les leaders naturels du mouvement m'aient rejetée. Ils se sont battus autant
10 que moi, et j'apparaissais comme la star. Évidemment, j'ai été blessée, mais ce qui m'a sauvée, c'est la fidélité et l'amitié de l'AG de Villetaneuse, loin des médias. En même temps, j'ai admiré cette volonté per-
15 manente des amphis, des délégués, d'éviter toute fausse image, toute prise de position non mandatée, tout dérapage politique. En fait, les foules étudiantes n'ont jamais cessé de nous surveiller, de nous
20 contrôler ... Nous représentions ce qu'elles voulaient. Sinon nous sautions. Qui manipule qui? Le mouvement a tout manipulé, jour après jour, à travers les commissions de réflexion, les AG, la folie
25 de la démocratie directe, les votes perpétuels.»

Isabelle a raison. Il est impossible de prétendre que cet immense soulèvement spontané, et foudroyant, ait été manipulé.
30 Au cours des trois semaines de cette flambée, les mêmes principes de haute surveillance des militants ont été partout appliqués.

---
* Isabelle Thomas, porte-parole du mouvement étudiant

Chaque élu d'une assemblée, d'une coordination est limogeable du jour au lendemain. Des élections ont lieu tous les trois jours pour savoir si on redonne sa confiance au délégué et s'il manipule ou pas. On vote sur tout: pour savoir si on doit voter, pour former le SO, pour nettoyer le lycée. La recherche de l'unanimité est permanente.

La parano de la manipulation a hanté les amphis depuis le premier jour. Personne, aucune étiquette politique ne doit marquer le mouvement, sinon la colère gronde, l'ironie blesse.

Une philosophie toute neuve sous-tend chaque décision comme les relations conflictuelles entre les personnalités qui mènent l'agitation: chacun pense ce qu'il veut, indépendant, librement, mais il ne doit pas mettre en avant ses idées, dès qu'il occupe un poste de responsabilité et de représentation. Le seul profit acceptable pour un leader: l'humilité, ne pas la ramener, rendre des comptes. Il doit travailler plus que les autres: être leader, c'est un honneur non un privilège...

© *Actuel,* no. 87, janvier 1987

Vocabulaire

3 **recenser** compter, vérifier   13 **AG** Assemblée générale   21 **sauter** ici: être éliminé   29 **foudroyant/e** rapide et violent comme la foudre   30 **la flambée** feu subit et violent   31 **la haute surveillance** contrôle étroit, scrupuleux   35 **limogeable** du verbe **limoger** *entlassen, kündigen, „rausschmeißen"*   40 **SO** service d'ordre   41 **l'unanimité** (f) *Einstimmigkeit, Einmütigkeit*   43 **la parano(ïa)** *Verfolgungswahn* – **hanter** ici: être présent partout   56 **l'humilité** (f) *Demut, Bescheidenheit*   57 **la ramener** (pop) se mettre en avant, manquer de modestie

Sujets d'étude

II 1. Expliquez pourquoi vous pensez que les affirmations suivantes correspondent ou ne correspondent pas à la réalité:
– Isabelle Thomas ne comprend pas son échec aux élections.
– Elle admire les formes de démocratie directe pratiquées par la base.
– L'article reproche au mouvement étudiant d'être manipulé par un parti politique.
– L'article regrette aussi l'absence de leaders.
2. Trouvez au moins trois intertitres qui structurent ce texte.

III Discutez le pour et le contre de la démocratie directe.

5. «L'imagination au pouvoir»: quelques slogans, chansons et banderoles

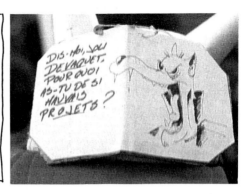

Sujets d'étude

II Expliquez les sens et le fonctionnement linguistique des slogans des étudiants et lycéens (allusions, citations déformées, jeux de mots, etc.).
   Voici quelques précisions qui vous aideront à formuler vos explications:
   – sans toit ni loi: titre d'un film récent; cf. aussi l'expression «sans foi ni loi».
   – Une célèbre chanson pour enfants commence ainsi:
     Il était un petit navire (bis)
     Qui n'avait jamais navigué (bis)
     Ohé, ohé, matelot...
   – Pour le «charter pour le Mali» cf. chap. II.A.2, p. 39.
   – la vache (arg): agent de police; cf. aussi la marque de fromage: «la vache qui rit»
   – Un slogan de la campagne anti-alcool:
     Un verre, ça va.
     Trois verres, bonjour les dégâts.
   – SAC: Service d'action civique. Organisme dissout en 1980. Créée comme service d'ordre du mouvement gaulliste, cette organisation qui comptait parmi ses membres un certain nombre d'éléments criminels, se livrait parfois à des actions violentes. Charles Pasqua, de mars 1986 à mai 1988 ministre de l'Intérieur, fut pendant de longues années un des leaders du SAC.

III 1. Inventez d'autres slogans – pour les mêmes circonstances ou pour d'autres sujets d'actualité.
    2. Quelles sont les caractéristiques d'un bon slogan?

6. Le monôme des zombis

La gauche politique, qui n'a guère à proposer et beaucoup à faire oublier, veut discréditer moralement le début d'expérience libérale et conservatrice. Elle introduit dans la jeunesse, camp le plus faible, un cheval de Troie pour rendre celle-ci captive de sa manœuvre.

Un des ces captifs, au micro de *France-Inter*, déclarait fièrement: «*Il n'y a pas de récupérage de notre mouvement.*» Cet apprenti intellectuel, comme beaucoup des siens, se sentait grand garçon, très au-dessus des manipulationneurs. Il était seulement hostile au sélectionnage. C'est en lançant de tels zombis dans les villes qu'on veut faire croire à un mouvement spontané et vivant.

Il y a cependant de l'authentique dans ce qui pousse étudiants et lycéens à manifester. On ne s'est pas assez avisé de la dégradation de notre environnement culturel et médiatique dans les années 1980. Ces jeunes avaient entre huit et quatorze ans en 1981. Ce sont les enfants du rock débile, les écoliers de la vulgarité pédagogique, les béats de Coluche et Renaud, nourris de soupe infra-idéologique cuite au show-bizz, ahuris par les saturnales de «touche pas à mon pote», et, somme toute, les produits de la culture Lang. Ils ont reçu une imprégnation morale qui leur paraît meilleure que n'être rien, mais tous ensemble, pour aller nulle part. Leur rêve est un monde indifférencié où végéter tièdement. Ils sont ivres d'une générosité au degré zéro, qui ressemble à de l'amour mais se retourne contre tout exemple ou projet d'ordre. L'ensemble des mesures que prend la société pour ne pas achever de se dissoudre: sélection, promotion de l'effort personnel et de la responsabilité individuelle, code de la nationalité, lutte contre la drogue, etc., les hérisse. Ce retour au réel leur est scandale. Ils ont peur de manquer de mœurs avachies. Voilà tout leur sentiment révolutionnaire. C'est une jeunesse atteinte d'un sida mental. Elle a perdu ses immunités naturelles; tous les virus décomposants l'atteignent. Nous nous demandons ce qui se passe dans leurs têtes. Rien, mais ce rien les dévore. Il aura suffi de cinq ans pour fabriquer dans le mou une telle génération. Serait-ce toute la jeunesse? Certainement pas. N'ayant pas à courtiser les minus, osons dire que c'est la lie avec quoi le socialisme fait son vinaigre.

© *Figaro-Magazine*, 6 décembre 1986

Vocabulaire

1 **le monôme** *Studentenumzug, -ulk* – **le zombi** fantôme, mort-vivant   7 **le cheval de Troie** *trojanisches Pferd* – **captif/-ve** prisonnier   11 **récupérer** (cf. la récupération) *vereinnahmen, für andere Zwecke einspannen*   12 **un apprenti** *Lehrling*   21 **la dégradation** *erhebl. Verschlechterung, Verfall*   25 **débile** (adj) *schwachsinnig*   27 **béat/e** heureux, satisfait – en général dans un sens ironique: qui se contente de peu, qui n'est pas exigeant – **Coluche** comique français très populaire, surtout parmi les jeunes (mort en 1985)   29 **ahuri/e** (très) étonné, impressionné – **les saturnales** (f) orgies, ici: allusion aux concerts rock organisés par SOS-Racisme, organisation anti-raciste, dont le slogan est: «Touche pas à mon pote»   30 **le pote** (pop) copain, ami; ici: copain immigré   31 **Jack Lang** de 1981–86 et depuis 1988 ministre socialiste de la Culture, très populaire parmi les jeunes parce qu'il a subventionné, entre autres, des formes d'expression culturelle comme le rock, la bande dessinée, etc.   37 **le degré zéro** *Nullpunkt*   41 **la promotion** action qui cherche à favoriser, à promouvoir qc   44 **hérisser qn** choquer qn, provoquer la colère de qn   46 **avachi/e** mou/molle   48 **le sida** (syndrome immuno-déficitaire acquis) *Aids*   56 **courtiser qn** faire la cour, chercher à plaire à qn – **un minus** un moins que rien, qui ne vaut rien   57 **la lie** *Bodensatz, Hefe*   58 **le vinaigre** *Essig*

Sujets d'étude

II 1. Comment l'auteur voit-il le rapport entre les partis de gauche et les étudiants? Comparez son interprétation des faits aux autres articles consacrés à cette question.
    2. Dans le deuxième paragraphe, l'éditorialiste du Fig.-Mag., Louis Pauwels s'en prend à un étudiant qu'il a vu à la télé. Il se moque de ses fautes de français en en faisant lui-même. Relevez ces «fautes» intentionnelles. Que pensez-vous de ce procédé?

7. Bilan d'une grève

L'ampleur de la contestation, notamment après la mort de Malik Oussekine, a amené le gouvernement à retirer son projet de réforme universitaire le 8 décembre. Le 17, un groupe de lycéens a tiré une sorte de bilan au micro d'une des radios locales de Bordeaux, «la Vie au grand hertz». Voici quelques extraits:

– *Avez-vous été surpris par l'ampleur du mouvement?*

– Ce qui m'a le plus impressionné, c'est la prise de conscience de tous les jeunes, de tous les lycéens. Je n'ai jamais vu autant de presse circuler dans un lycée. C'était une sorte d'éducation civique, puisqu'une petite Assemblée nationale a été élue démocratiquement dans chaque lycée, en fait tout une prise de conscience de notre constitution (…)

– Ç'a été un réveil de la jeunesse; les jeunes étaient qualifiés d'individualistes, de mous, on a prouvé le contraire.

– *À propos de l'apolitisme et de la récupération du mouvement, vous avez plusieurs choses à nous dire?*

– Le mouvement était, comme ça a été dit, et redit, un mouvement apolitique. Évidemment, manifester contre un projet de loi, c'était une prise de position politique, c'est sûr, mais les lycéens ont gardé l'autonomie de leur mouvement, on n'était récupéré par aucun parti.

– *Vous n'avez pas l'impression qu'au début on était contre un projet puis ensuite contre un gouvernement?*

– Oui, la colère des étudiants s'est retournée contre le gouvernement, c'est vrai, parce qu'après avoir commis erreurs sur erreurs, il ne pouvait plus être tout à fait crédible.
– Bien sûr, on a manifesté contre un projet de loi mais je pense que les gens ont pris conscience que ce projet faisait partie intégrante de tout un projet de société, de toute une ligne de vues politiques, et finalement, manifester contre ce projet, c'était démontrer le malaise devant la ligne politique actuelle.

(...)

– *Quel a été l'apport personnel pour chacun d'entre vous?*
– Ça nous a montré que nous n'étions pas seuls puisque nous nous sommes aperçus qu'il y avait une véritable solidarité et ça, personnellement, je ne le savais pas, je ne pensais pas qu'elle existait.
– Pour ceux qui ont participé au comité de grève et de coordination, ça a été une sacrée bonne expérience. Des prises de parole, devant 300 ou 400 personnes, c'est impressionnant. (...) Il y a eu une éducation politique intéressante.
– Ça nous a montré aussi qu'agir, ça sert. Ça n'est pas toujours évident quand on n'a pas essayé. Maintenant qu'on a vu que faire la grève, manifester, être organisé, ça pouvait amener des résultats concrets, je pense que ça va nous donner envie de continuer, quand on aura des choses à dire, à l'avenir.
– *Justement, avez-vous des projets précis?*
– La coordination ne s'est pas dissoute; pour l'instant on réalise des livres blancs, c'est-à-dire des livres où on note les problèmes des lycées. Par exemple, on n'en a pas conscience, mais il y a des problèmes fous. (...) On envisage aussi de garder une structure, car c'est ce qui manque aux lycéens – une structure pour être rapidement efficace.
– Je pense qu'en France, ce qui vient de se passer, c'est que les lycéens, pour la première fois, ont joué un très grand rôle politique dans la vie du pays et ils seront prêts à se manifester, à se remobiliser dès qu'il le faudra.

© *BT 2*, no. 193, janvier 1987

Vocabulaire

2 **une ampleur** dimension   16 **une éducation civique** *Sozialkunde, polit. Bildung*   41 **crédible** *glaubwürdig*   51 **quel est l'apport personnel pour vous** qu'est-ce que cela vous apporte, *was bringt das für Sie persönlich*   73 **dissout/e** part. comp. de **dissoudre** *auflösen*   78 **des problèmes fous** beaucoup, un très grand nombre, énormément de problèmes – **envisager** penser, projeter

Sujets d'étude

II   1. Comment les jeunes voient-ils, après coup, les rapports entre la politique et leur mouvement?
      2. Comment envisagent-ils l'avenir de leur mouvement?

III   Commentez la phrase suivante à la lumière de ce que vous avez appris sur le mouvement étudiant et lycéen de novembre-décembre 1986 en France: «Les problèmes politiques sont les problèmes de tout le monde. Les problèmes de tout le monde sont des problèmes politiques.»

C La politique de privatisation

Après leur victoire électorale, les socialistes ont lancé, en 1981, un vaste mouvement de nationalisations qui concernait les grandes banques et les grands trusts industriels. Le contrôle des secteurs-clé de l'économie devait être l'élément central d'une politique de redéploiement économique. L'échec, tout au moins partiel, de cette politique donnait des arguments à la droite qui favorisait des solutions radicalement différentes. La clé de voûte de son libéralisme économique devait être une politique de dénationalisations ou privatisations, qui s'attaquerait non seulement aux nationalisations « socialistes », mais aussi à celles réalisées dans les années d'après-guerre par les gouvernements du général de Gaulle dont Jacques Chirac, chef de gouvernement de 1986 à 1988 et président du RPR, est l'héritier politique.

1. Privatisations : aux actions, citoyens !

La vente des entreprises nationalisées ne peut réussir que si les particuliers achètent. Aujourd'hui, 30 % d'entre eux se déclarent intéressés.

Saint-Gobain sera la première. Et puis, bien vite, Paribas et les AGF suivront. Les privatisations, dans quelques semaines, vont entrer dans leur phase décisive. Mais qui achètera ?
Jacques Chirac et Édouard Balladur l'ont dit et répété : la vente des grands groupes nationalisés doit être l'occasion d'instaurer en France un capitalisme populaire, qui, jusqu'à présent, ne faisait pas réellement partie de la tradition nationale. Rendre les Français propriétaires des plus grosses entreprises de l'Hexagone : c'était déjà, d'une certaine manière, l'ambition du gouvernement PC/PS lorsque, en 1982, il opta pour la nationalisation de cinq géants de l'industrie et de la quasi-totalité du système bancaire. Une « appropriation » collective, via l'État. Le schéma est aujourd'hui renversé : c'est en rachetant à la puissance publique quelques actions des groupes reprivatisés que chacun, désormais, pourra se sentir copropriétaire.
Mais ce capitalisme populaire n'est pas seulement un enjeu idéologique. C'est, aussi, une exigence technique : les privatisations ne réussiront pleinement qu'à condition qu'un vaste public s'y intéresse. Pour une raison très simple. Selon des estimations, les trois premières privatisables valent entre 40 et 50 milliards de francs. Avec celles qui suivront (62 autres...), ce sont au moins 250 millards de Francs qu'il faudra trouver. Comment faire ?
Faire appel aux capitaux étrangers ? François Mitterrand est très sourcilleux sur le sujet. Édouard Balladur ne l'est pas moins : les étrangers ne pourront absorber plus de 20 % du gâteau. Vendre à des grands capitalistes français ? Mais leurs moyens, quoique impressionnants, ne peuvent leur permettre de tout racheter. Même s'ils le pouvaient, ils se heurteraient d'ailleurs à la volonté du ministre de l'Économie de refréner l'appétit des « gros requins » : la rue de Rivoli pourra s'opposer à ce qu'un investisseur contrôle plus de 5 % d'une société. C'est également pour favoriser une dispersion aussi large que possible de l'actionnariat que 10 % des titres seront réservés, à des conditions préférentielles, aux salariés des groupes concernés.
Reste, donc, la grande masse des petits porteurs, dont le gouvernement espère qu'ils chercheront à acquérir la majorité du capital offert. Mais qu'en pensent les Français ? Seront-ils tentés par l'expérience ?
Notre sondage *L'Express-Gallup,* effectué au lendemain de l'annonce, par Édouard Balladur, du lancement des trois premières opérations, apporte d'intéressants éléments de réponse.

Acheter des privatisables?

Considérez-vous que la décision de vendre dans le grand public des entreprises nationalisées est plutôt...

Une bonne idée	61 %
Une mauvaise idée	24 %
Sans opinion	15 %

Dans le cadre de la privatisation de certaines entreprises nationalisées, le gouvernement s'apprête à vendre dans le grand public des actions de ces entreprises. Vous, personnellement, seriez-vous intéressé par l'achat de certaines de ces actions?

Très	7 %
Assez	23 %
Peu	14 %
Pas du tout	55 %
Sans opinion	1 %

Lesquelles?

Si vous décidiez d'acheter des actions pour placer votre argent et que vous ayez le choix entre des actions d'une entreprise industrielle, d'une banque ou d'un établissement financier, d'une compagnie d'assurance, lesquelles achèteriez-vous le plus volontiers?

Banque ou établissement financier	40 %
Entreprise industrielle	28 %
Compagnie d'assurance	24 %
Sans opinion	8 %

Actionnaire de son entreprise?

Seriez-vous intéressé ou pas par l'achat d'actions de l'entreprise dans laquelle vous travaillez, si la possibilité vous en était offerte?
(sur 100 personnes qui travaillent dans le secteur privé ou nationalisé)

Intéressé	53 %
Pas intéressé	34 %
Sans opinion	13 %

© *L'Express*, 26 septembre 1986

Vocabulaire

28 **Saint-Gobain** groupe industriel aux activités multiples, mais qui fabrique surtout toute sorte de verres   29 **Paribas** le plus grand groupe bancaire et financier de France – **AGF** Assurances générales de France   35 **instaurer** créer, mettre sur pied   45 **une appropriation** *Aneignung*   64 **sourcilleux/-se** strict, fidèle à certains principes   73 **refréner** freiner, modérer   74 **le requin** *Hai*   77 **la dispersion** *Streuung*   79 **le titre** ici: action   82 **le petit porteur** ici: *Kleinaktionär*

Sujets d'étude

I   1. Expliquez: nationalisation/privatisation; capitalisme populaire; copropriétaire; refréner l'appétit des «gros requins»; la dispersion de l'actionnariat.
     2. Expliquez le jeu de mots contenu dans le titre.

II   1. Quel parallèle le journaliste établit-il entre le gouvernement PS/PC et la majorité RPR/UDF?
     2. Pourquoi faudra-t-il qu'un vaste public s'intéresse aux privatisations?
     3. Énumerez les dispositions destinées à empêcher «les gros» ou les groupes étrangers de prendre le contrôle des privatisables?
     4. Exprimez verbalement les «éléments de réponse» qu'apportent les statistiques?

III   Donnez votre avis sur l'affirmation suivante: «Chacun, désormais, pourra se sentir copropriétaire.»

2. Saint-Gobain: 1 200 000 actionnaires

En France, la privatisation de Saint-Gobain est un très large succès: 1 200 000 actionnaires et sur 19,6 millions d'actions vendues en France, 10 millions iront aux petits porteurs. À l'étranger, les actions offertes sur le marché ont été souscrites en quarante-huit heures. Le pari réussi facilitera la réalisation des autres privatisations.

Édouard Balladur, ministre de l'Économie, des Finances et de la Privatisation, a réussi au-delà de toute prévision l'opération Saint-Gobain, première entreprise privatisée par le gouvernement de Jacques Chirac.

«Succès tout à fait exceptionnel», dit-on au ministère de l'Économie et des Finances. En effet, 1 200 000 actionnaires devraient désormais être propriétaires de cette compagnie industrielle au terme de l'offre publique de vente ouverte le 24 novembre dernier, qui portait sur 19,6 millions d'actions en France et dont dix millions devraient venir dans les mains des petits porteurs.

Trois preuves

Pour juger de l'ampleur du succès, il faut rappeler que Saint-Gobain ne comptait que 200 000 actionnaires avant sa nationalisation en 1982.

La réussite prouve au moins trois choses dans l'immédiat: d'une part, le pari de rendre les Français propriétaires de leur industrie, de leurs entreprises en général, à travers le marché des actions, était raisonnable, justifié dans son ambition. Il est gagné de façon exemplaire et significative, sur Saint-Gobain.

D'autre part, les Français sont «réconciliés» avec l'entreprise.

Enfin, cette réussite de la privatisation de Saint-Gobain prouve précisément la capacité d'investissement de l'épargne et du marché financier de Paris. Le programme de privatisation fixé par le gouvernement représente 50% du secteur public pour une valeur voisine de 250 milliards de francs, sur cinq ans environ. Ce programme, sans précédent dans le monde par son ampleur financière, se trouve donc conforté par cette réussite.

© *Le Figaro*, 8 décembre 1986

Vocabulaire

28 **une ampleur** grandeur, dimension   33 **dans l'immédiat** dans un premier temps   44 **l'épargne** (f) sommes économisées par les gens   50 **sans précédent** unique, le premier dans son genre

Sujets d'étude

II 1. Énumérez les raisons pour lesquelles on peut parler de succès.
    2. Pourquoi ne parle-t-on que des «petits porteurs» dans cet article?
    3. Avant 1982: 200 000 actionnaires Saint-Gobain; en 1982: nationalisation; en 1986: reprivatisation, 1 200 000 actionnaires.
       On peut tirer, de cette évolution, des arguments pour et contre la nationalisation, pour et contre la reprivatisation. Essayez de trouver des arguments des deux types, et discutez de la valeur relative qu'ils ont à vos yeux.

III Les salariés actionnaires de leur propre entreprise – un élément de démocratisation économique?

3. Paribas

Madame, Monsieur,
Pour la première fois depuis 115 ans,
cette porte s'ouvrira largement au grand public.

Prochainement, vous pourrez devenir actionnaire du Groupe Paribas.

GROUPE PARIBAS

Téléphonez au (1) 46.24.11.11 ou écrivez à Paribas-Actionnariat, 3 rue d'Antin - 75002 Paris.

Sujets d'étude

I Décrivez de façon détaillée la partie image de cette publicité.

II 1. Quelles sont les impressions qui se dégagent du siège de «Paribas» tel qu'il est montré ici? Notez vos associations et mettez-les en rapport avec votre description.
   2. Analysez le rapport texte-image.

405F.

Madame, Monsieur, Devenez actionnaire de Paribas.

Aujourd'hui vous pouvez, vous aussi, devenir actionnaire du Groupe Paribas. Aujourd'hui vous pouvez, vous aussi, participer à l'expansion d'un des premiers groupes financiers internationaux. Vous bénéficierez, en outre, d'importants avantages valables jusqu'au 31 janvier 1987 dont : une action gratuite pour 10 actions achetées et conservées au moins 18 mois (5 actions gratuites au maximum). Adressez-vous à votre banque, agent de change, bureau de poste, caisse d'épargne ou comptable du Trésor. Une note d'information (visa COB n° 86-449 du 19.12.86) est tenue gratuitement à la disposition du public auprès des établissements chargés de la vente des actions.

GROUPE PARIBAS

Téléphonez au (1) 46.24.11.11 ou écrivez à Paribas-Actionnariat, 3 rue d'Antin - 75002 Paris.

Madame, Monsieur, Actionnaire de Paribas, ce message vous est réservé.

Vous êtes l'une des 3 800 000 personnes à être entrée dans notre groupe. Depuis sa privatisation, Paribas a rassemblé plus de 5 milliards de capitaux au profit des entreprises françaises cotées à la bourse de Paris. Paribas a financé 2 des plus gros contrats français à l'exportation dont une centrale thermique en Chine.

Madame, Monsieur,

Paribas poursuit son développement et augmente son capital, en émettant auprès de ses actionnaires et d'investisseurs venus du monde entier des «Actions à Bons de Souscription d'Actions» que les professionnels appellent généralement ABSA.

L'ABSA est composée d'une action et d'un bon qui seront cotés en bourse séparément dès la fin de l'opération. Le bon vous permettra, si vous le souhaitez, d'acquérir ultérieurement à un prix fixe, une action supplémentaire au moment de votre choix.

Normalement, c'est par tranche de 8 actions que l'on peut acquérir une ABSA Paribas. Mais à vous, Madame, Monsieur, Paribas offre l'avantage de souscrire une ABSA même si vous ne possédez que 4 actions ou moins. Cette offre est valable jusqu'au 31 juillet 1987.

L'intermédiaire auprès duquel sont déposées vos actions (banque, bureau de poste, agent de change, caisse d'épargne ou comptable du Trésor) prendra directement contact avec vous et vous indiquera vos droits. Si vous souhaitez plus de renseignements, vous pouvez également contacter le service que Paribas met à la disposition de ses actionnaires.

PARIBAS

Téléphonez au (1) 42.98.17.88 ou écrivez à Paribas-Actionnariat, 3 rue d'Antin - 75002 Paris.
Une note d'information visée par la C.O.B. est disponible chez les intermédiaires financiers.

Sujets d'étude

II   1. Comparez ces deux publicités «Paribas» à la première que vous venez d'étudier.
     2. Quelle est l'image de marque que cette banque veut donner d'elle-même à travers ces trois publicités?
     3. Dans quelle mesure peut-on y voir aussi une certaine image du «capitalisme populaire» dont on a parlé dans les textes précédents?

Édouard Balladur, le ministre chargé des privatisations, a beaucoup apprecié une caricature de J. Faizant, parue à l'occasion de la privatisation de Paribas. Selon M. Balladur, elle exprime très bien «l'objectif essentiel de la privatisation»:

Sujets d'étude

III Imaginez toute l'argumentation de M. Balladur à propos de ce dessin.

Voici ce que M. Balladur a dit réellement:

À mes yeux, l'objectif essentiel de la privatisation n'est pas que quelqu'un achète des actions pour une valeur de 5 000
5 francs, avec l'espoir qu'elles en représentent 8 000 ou 10 000 quelques années plus tard. L'essentiel est que celui qui a acheté des actions d'une entreprise, si modeste que soit sa part, s'y sente aussi
10 chez lui. C'est moins une affaire morale, mais c'est tout un état d'esprit nouveau à créer. Qu'on se souvienne du dessin de Jacques Faizant après la privatisation de Paribas: un couple de Français moyens
15 franchit le seuil – désormais bien connu de tous – de la banque. La femme dit à son mari: «Essuie tes pieds! C'est nous, maintenant, qui payons les femmes de ménage!»

D'après: *L'Express*, 9 octobre 1987

Et voici un autre dessin à sujet identique, mais à message bien différent:

Vocabulaire
Ça (ne) serait pas de refus *da hätte ich nichts dagegen*   **ANPE** Agence nationale pour l'emploi *Arbeitsamt*

Sujets d'étude
II Formulez le message du dessin de J. F. Batellier.
III Imaginez ce que M. Balladur pourrait dire de cette deuxième caricature.

4. Les risques du succès

Les Français qui découvrent la Bourse, grâce à la privatisation notamment, s'y précipitent comme dans un casino où l'on gagnerait à tous les coups. On a d'ailleurs tout fait pour leur donner cette image sécurisante. La première opération de privatisation fut l'image même de l'investissement sans risque, avec rendement assuré sur les dix-huit mois à venir.

Le risque est pourtant réel. Et M. Balladur lui même n'a pas manqué de le rappeler: «Une action, c'est un titre de propriété. En l'acquérant, on devient solidaire du destin de l'entreprise et l'avenir peut réserver de bonnes et aussi de moins bonnes surprises.»

Depuis 1982, les Français n'entendent parler que des performances réalisées par la Bourse. Mais cette évolution va forcément se ralentir, à défaut d'arriver à son terme.

C'est à ses réactions face aux épreuves que l'on jugera de l'existence réelle d'un actionnariat populaire. Si les petits porteurs devaient prendre la fuite au premier coup de tabac venu, M. Balladur aurait bien du souci à se faire.

© *Le Monde,* 3 février 1987

Vocabulaire
9 **le rendement** *Ertrag*   27 **un coup de tabac** ici: baisse subite

Sujets d'étude
I/II   1. Quel était le comportement de la Bourse entre 1982 et 1986?
   2. Quelle était, en 1986, l'attitude des Français à l'égard de la Bourse?
III   1. Quelle est l'intention des «petites phrases» d'Édouard Balladur citées par le journaliste?
   2. – Expliquez le titre de cet article.
      – Quels autres titres aurait-on pu lui donner?

5. Le krach

Après des années de boom, toutes les bourses ont connu, à la suite de Wall Street, vers la fin du mois d'octobre 1987 une chute subite des cours, dont l'origine n'est toujours pas bien claire. Ce qui est sûr, cependant, c'est que l'effet psychologique de cet incident devait être particulièrement négatif en France où des millions de petits porteurs venaient tout juste de s'adonner au doux rêve du gain sans effort et sans risque – et qui se réveillèrent brusquement dans une réalité nettement moins rose, caractérisée par des mots qui sonnaient durs à leurs oreilles, des mots comme «baisse», «krach» et «risque».

Après le krach...

Mission impossible pour Édouard Balladur. Le ton plus serein que jamais, le ministre d'État s'est dépensé sans compter depuis la semaine dernière pour prêcher la bonne parole au petit peuple désemparé du néocapitalisme. «Pas de panique. Gardez votre sang-froid!»

Coincé dans son rôle, qui le force à rassurer les épargnants à tout prix, le ministre déclarait samedi dernier: «La baisse de la Bourse américaine n'est pas notre problème... Ce qui compte, c'est la santé de notre économie.» La raclée subie lundi par le palais Brongniart a remisé au grenier cette petite phrase très malheureuse. (...)

En attendant, les privatisations sont plus que jamais au cœur du débat franco-français. La mise rapide sur le marché des gros bataillons de la banque et de l'assurance constitue désormais un pari très risqué. « Il faut freiner la marche des privatisations », clament unanimement les barristes. « Il faut arrêter leur mouvement », renchérit Laurent Fabius, tout content de pouvoir relancer la polémique sur le sujet qui tient le plus à cœur à Édouard Balladur. Quel sera en définitive l'effet du choc boursier sur les intentions de vote? Nul ne le sait aujourd'hui. Mais déjà les états-majors politiques évaluent les dégâts subis par le RPR. Les barristes, en particulier.

© *L'Événement du jeudi,* 22–28 octobre 1987

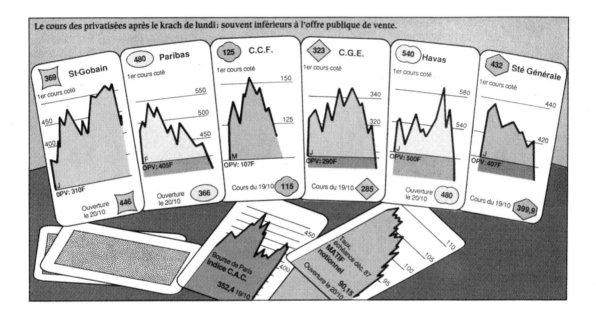

Vocabulaire

1 **le krach** [krak] baisse considérable et subite des cours de la bourse   19 **serein/e** content; qui n'a pas de problèmes   20 **se dépenser sans compter** *sich schonungslos verausgaben*   22 **désemparé/e** désorienté   25 **coincé/e** serré, à l'étroit   30 **la raclée subie par qc** coups reçus   31 **le palais Brongniart** Bourse de Paris   40 **clamer** ici: revendiquer – **unanimement** comme d'une seule voix – **les barristes** (m) adhérents de R. Barre   41 **renchérir** aller plus loin   48 **les états-majors** ici: *Parteizentralen*   49 **évaluer** calculer approximativement

Sujets d'étude

I   Expliquez à l'aide du schéma ce qui s'est passé à la Bourse de Paris (comme dans les autres Bourses du monde entier).

II 1. Comment M. Balladur réagit-il dans cette situation? Pourquoi?
    2. À quel parti politique ce krach pose-t-il le plus de problèmes? Pourquoi?

III Commentez la situation à l'aide du dessin suivant qui montre M. Balladur dans le rôle d'un journaliste en reportage à la Bourse de Paris.

Vocabulaire
s'affoler ici: perdre raison, s'énerver, agir de façon irréfléchie

6. TF 1: une privatisation à part

La privatisation de TF 1, prévue par la loi Léotard (30 septembre 1986) relative aux libertés de communication, constitue un point de rupture dans l'histoire de l'audiovisuel en France.

Il est vrai que l'ouverture du secteur audiovisuel sur le privé avait déjà été entamée par le gouvernement socialiste, mais c'est sous le gouvernement Chirac qu'a été envisagée et finalement réalisée la première privatisation d'une chaîne publique couvrant l'ensemble du territoire national.

Afin d'éviter tout reproche de partialité, le gouvernement chargea la CNCL (commission nationale de la communication et des libertés) de la mise en vente et de l'attribution de la chaîne au «mieux-disant culturel». Après examen des dossiers, la CNCL adjugea finalement TF 1 au groupe autour de Francis Bouygues, géant de la construction plaisamment surnommé roi Béton 1er.

Le concurrent de Francis Bouygues à l'achat de TF 1 était Jean-Luc Lagardère, P.d.g. de la société d'armements Matra dont l'État détient 51% et qui contrôle le groupe multi-médias Hachette (entre autres: édition de livres, édition de presse, distribution, télévision par cable). Les profonds bouleversements dans l'audiovisuel ont même enrichi la langue française par la création d'un nouveau sigle: pour évoquer le paysage audiovisuel français, on se contentera désormais de dire le «paf», sigle que les mauvaises langues se sont déjà amusées à détourner en «pagaille audiovisuelle française».

La guerre de l'audiovisuel est donc définitivement lancée. Chaînes privées (TF 1, Canal Plus, La Cinq et M 6) et chaînes publiques (A 2 et FR 3) se livrent une concurrence impitoyable pour attirer chacune un maximum de téléspectateurs.

Vocabulaire

1 **à part** d'un genre particulier 3 **relatif/-ve à** qui concerne 5 **la rupture** ici: changement radical – **l'audiovisuel** (m) télévision et radio 8 **entamer** ici: commencer 11 **envisager** prendre en considération 15 **la partialité** attitude consistant à favoriser qn au détriment d'une autre personne 18 **l'attribution** (f) ici: *Zueignung* 19 **le mieux-disant culturel** celui des candidats qui offre le plus de garanties pour la diffusion d'émissions culturelles 21 **adjuger à** *den Zuschlag erteilen* 22 **le géant** créature de taille surdimensionnée 23 **la construction** *Bausektor, Bauindustrie* – **plaisamment** pour plaisanter – **surnommer qn** donner un surnom à qn 27 **la société d'armements** société qui produit des armes de guerre 29 **multi-médias** (adj invariable) qui réunit plusieurs médias à la fois (presse écrite, télévision, édition de livres, etc.) 31 **la distribution** organisation de la vente des produits d'une entreprise 32 **le bouleversement** profond changement 34 **le sigle** suite de lettres servant d'abréviation (p. ex.: PS = Parti socialiste) – **évoquer** ici: parler de 38 **détourner** ici: changer, déformer – **la pagaille** grand désordre

Sujets d'étude

II 1. En quoi la privatisation de TF 1 constitue-t-elle un point de rupture dans l'histoire de l'audiovisuel?
2. Pourquoi le gouvernement a-t-il chargé la CNCL de la vente de TF 1?

© Wiaz, *Le Nouvel Observateur*, 10 avril 1987

Sujets d'étude

I 1. Identifiez le personnage à l'aide des informations du texte d'introduction.
2. Formulez le message de ce dessin.

Le coût de la cession de TF 1

MM. Édouard Balladur et François Léotard, respectivement ministre de l'Économie, des Finances et de la privatisation et ministre de la Culture et de la Communication, ont rendu public, le jeudi 5 février, le prix de cession de TF 1 évalué par la commission de privatisation: 4,5 milliards de francs. Ils ont aussi annoncé que le «bloc de contrôle» (50 % du capital) vendu au groupe de repreneurs est fixé à 3 milliards de francs. Une surcote de 33,3 % a donc été appliquée au prix que devront acquitter ces derniers.

© *Le Monde*, 7 février 1987

Vocabulaire

7 **la cession** vente 10 **le bloc de contrôle** *Kontrollmajorität* 12 **la surcote** ici: *Mehrpreis* 14 **acquitter** ici: payer

Une privatisation piégée par l'État

Les candidats à la reprise trouvent l'addition salée. L'opposition la juge bien légère. Fixée à trois milliards de francs, la valeur du bloc de contrôle majoritaire de TF 1 a-t-elle été estimée à son juste prix?
Les banques chargées du dossier ont vite compris que la question était un piège. Sans la propriété du réseau de diffusion, de ses fréquences, une chaîne de télévision offre de bien maigres actifs. Sa valeur se résume essentiellement à son potentiel commercial. Ce que l'État vend, c'est une sorte de bail, l'autorisation provisoire de réaliser des bénéfices sur le marché publicitaire. Or, dans le même temps, l'État se réserve le contrôle quasi total de ce marché. C'est en effet lui qui détermine une part non négligeable de son volume en ouvrant ou non les secteurs interdits à la publicité (distribution, édition, théâtre, etc.). C'est aussi lui qui règle la concurrence, en fixant la redevance et le plafond de recettes publicitaires des chaînes publiques. Quant à la durée du bail, c'est la Commission nationale de la communication et des libertés (CNCL) qui en décide, puisqu'elle peut, au bout de dix ans, retirer l'exploitation de la chaîne à ses actionnaires majoritaires.
Dans ces conditions, acheter TF 1 tient plus de l'acte de foi que du placement de père de famille. S'ils se lancent dans l'aventure, candidats, petits épargnants ou spéculateurs devront non seulement croire M. Balladur sur parole mais espérer que ses successeurs tiendront ses promesses verbales. C'est sans doute ce que l'on appelle, dans l'audiovisuel, le libéralisme.

© *Le Monde*, 7 février 1987

Vocabulaire

1 **piéger** verbe dérivé du substantif le piège *(Falle)*   2 **la reprise** ici: l'achat   3 **salé/e** qui contient du sel   9 **le réseau de diffusion** *Sendenetz*   11 **les actifs** (m) ensemble des biens se trouvant dans la possession de qn   12 **se résumer à** se limiter à   14 **le bail** *Pacht*   23 **la redevance** somme que doit payer, chaque mois, le téléspectateur – **le plafond** ici: limite maximale   29 **une exploitation** ici: *Bewirtschaftung, Betrieb*   31 **tenir de** ressembler à   32 **un acte de foi** *Glaubensakt*   00 **le placement** investissement   34 **un épargnant** personne qui fait des économies

Sujets d'étude

I   Résumez les conditions de vente de TF 1.
II 1. Quel est l'enjeu commercial?
    2. Expliquez le titre «Une privatisation piégée par l'État».

Il n'en reste qu'une[1]...

Par Jean-Jack Queyranne, porte-parole du Parti socialiste

Le discours du réalisme contraint face à un libéral-dogmatisme dévastateur ne doit pas faire oublier ce qui est inacceptable pour la démocratie. Oui, les conditions d'attribution de la 5 et de la 6 sont scandaleuses. Oui, la privatisation de TF 1 n'a aucune justification: ni économique, ni culturelle. On ne peut faire fi de cette façon des intérêts du pays, des téléspectateurs, du pluralisme et de l'indépendance de la presse. Le Parti socialiste l'a dit et entend le redire avec force.
Au-delà des protestations, peut-on se rési-

---
[1] Le titre de l'article fait allusion au slogan publicitaire de TF 1: «Il n'y en a qu'une. C'est la Une», slogan transformé en «Il n'y en a qu'une. C'est la vôtre» pendant la campagne de privatisation.

gner, à voir TF 1 privatisée pour longtemps? Le Parti socialiste a annoncé sans hésitation que TF 1 reviendrait dans le service public. La renationalisation de TF 1 est le plus sûr moyen de restaurer les équilibres dans la communication, afin de rendre aux téléspectateurs la qualité et la diversité des choix qu'ils sont en droit d'attendre et au privé les moyens d'exprimer réellement sa différence, en échappant à la logique absurde de la compétition sauvage.

Mais, il ne s'agit pas de programmer un simple retour en arrière. Sous quelle forme la première chaîne retrouvera-t-elle ses missions de service public? La réflexion est ouverte. Condamnée pour des raisons économiques à participer à cette privatisation, la presse indépendante pourra légitimement être associée à la définition du nouveau statut de TF 1.

© *Le Monde*, 10 mars 1987

Vocabulaire

4 **contraint/e** gêné, mal à l'aise, forcé   5 **dévastateur/-trice** violent, qui cause des dégâts   11 **faire fi de** mépriser, ne pas respecter   22 **restaurer** *wiederherstellen*

Sujets d'étude

I/II 1. Résumez l'attitude du parti socialiste face à la nationalisation de TF 1.
2. Quelle mesure Jean-Jack Queyranne annonce-t-il en cas de retour du PS au pouvoir? Verifiez si la promesse a été tenue.

III   Quels sont, d'après vous, les avantages et les inconvénients de télévisions privées?

L'attribution de TF 1

La Commission nationale de la communication et des libertés a attribué la première chaîne de télévision au groupe mené par M. Francis Bouygues. Huit voix se sont portées sur son nom, quatre sur celui de Hachette, un des treize «sages» - s'étant abstenu. M. Bouygues et ses partenaires vont donc acquérir pour trois milliards de francs 50% du capital de TF 1. Dans les mois qui viennent, 40% des actions seront mises en vente auprès du public et les 10% restant iront au personnel de la chaîne.

© *Le Monde*, 7 avril 1987

Vocabulaire

7 **le sage** *Weiser* ici: membre de la CNCL

Sujets d'études

III 1. D'après vous, quelles seraient les conséquences de la privatisation d'une ou de plusieurs chaînes de télévision en Allemagne?
2. Qu'est-ce que vous pensez, en général, du principe de la concurrence entre le secteur public et le secteur privé?

Sujets d'étude

Étudiez les deux caricatures suivantes:

© Tim, *Express*, 17 avril 1987

© *Alternatives économiques*, no. 45, mars 1987

I   Décrivez les caricatures.

II   À quels phénomènes les caricatures se réfèrent-elles? Expliquez leur message respectif.

III S. Berlusconi, propriétaire de plusieurs chaînes de télévision en Italie et copropriétaire de La Cinq en France, aurait dit ceci: «Je n'achète pas des télévisions pour les téléspectateurs, mais des téléspectateurs pour des publicitaires.» Quels dangers voyez-vous dans une telle philosophie commerciale?

III Les élections présidentielles et législatives de 1988

A L'élection présidentielle

En France, le président de la République tient une bonne part de son poids politique du fait que la constitution prévoit, depuis 1962, son élection au suffrage universel.

Il apparaît ainsi comme l'incarnation de la «volonté générale» et se place, en quelque sorte, au dessus des partis politiques. Cela amène ces derniers à jouer, pendant la campagne électorale, un rôle de soutien plutôt discret tandis que tout candidat cherchera à établir une relation de confiance directe et personnelle avec la nation.

Le mode de scrutin en vigueur pour l'élection du président de la République est le scrutin majoritaire à deux tours. Est élu président celui des candidats qui réunit la majorité absolue des suffrages dès le premier tour. Si aucun des candidats n'obtient cette majorité absolue, un 2e tour oppose les deux candidats ayant recueilli le plus de voix lors du 1er tour.

En plus du président Mitterrand (PS) et de «son» Premier ministre, Jacques Chirac (RPR), se sont présentés les candidats suivants: Raymond Barre (UDF), Jean-Marie Le Pen (Front national), André Lajoinie (PCF), Pierre Juquin (communiste dissident) et Antoine Waechter (les Verts) ainsi que deux candidats d'extrême-gauche, Arlette Laguiller et Pierre Boussel.

1. La campagne

Barre, Chirac et Mitterrand se déclarent

F. Mitterrand a déclaré sa candidature à l'occasion d'une interview télévisée, J. Chirac et R. Barre ont choisi la voie plus classique d'une brève déclaration officielle.

La déclaration de candidature de J. Chirac (17 janvier 1988):

J'ai décidé d'être candidat à la présidence de la République. Et je voudrais, mes chers compatriotes, vous donner mes raisons. Dans trois mois, nous élirons le chef de l'État et nous l'élirons pour sept ans. C'est un choix essentiel dont dépend, pour une large part, l'avenir de la France et l'avenir de chacun d'entre nous. En mars 1986, la majorité à laquelle vous avez donné votre confiance a choisi, comme elle le devait, d'assumer ses responsabilités. J'ai alors accepté d'être le chef du gouvernement pour entreprendre sans retard le redressement nécessaire de notre pays, pour préserver l'unité des Français et pour respecter nos institutions.

La tâche n'était pas facile, et je le savais. Pourtant, nous avons travaillé, et dans beaucoup de domaines, nous avons réussi. Aujourd'hui, les conditions sont réunies pour franchir une nouvelle étape. Nous en avons les moyens. Comme vous, je suis ambitieux pour la France:

– une France qui donne un espoir à sa jeunesse;
– une France plus attentive à ceux qui souffrent de la misère, de la solitude, ou d'être sans emploi;
– une France dynamique, audacieuse, créative, prête à saisir la chance du grand marché européen de 1992;
– une France forte, rayonnante, généreuse, qui assure son indépendance et son rang dans le monde.

Cette France-là, ce n'est pas celle des idéologies. C'est la France fidèle à son passé et confiante dans son avenir de grande puissance. C'est la France du courage et de l'action. Ces objectifs, nous pouvons et nous devons les atteindre.

Au cours des prochaines semaines, et à votre intention, je développerai mon projet. C'est un projet qui exprime toute ma conviction. C'est un projet de rassemblement, d'effort, de solidarité et d'ambition, pour servir les Français et pour servir la France.

Vocabulaire

56 **le redressement** Wiederaufrichten   64 **franchir une nouvelle étape** entrer dans une nouvelle phase   72 **audacieux/-se** hardi, courageux   75 **le grand marché européen de 1992** allusion à la création du marché unique européen en 1992   76 **rayonnant/e** strahlend

Extraits de la déclaration de candidature de R. Barre (8 février 1988):

Mes chers compatriotes,
Depuis des années, je vous rencontre, je vous écoute, je dialogue avec vous. Un lien s'est créé entre nous.
Dans trois mois vous choisirez votre nouveau président. Vous le ferez dans une période difficile. Vous voyez mal l'avenir, vous êtes dans le doute. Le chômage continue à frapper. Notre économie ne crée plus d'emplois. C'est un fait: pendant le septennat qui s'achève, la France a reculé par rapport à ses concurrents.
Nous sommes à la croisée des chemins. Si votre choix devait conduire au retour du système socialiste, dont vous ne pouvez oublier les erreurs ni les échecs, après le recul viendrait le déclin. Ne sous-estimez pas l'enjeu.
Je ne me résigne pas, pour ma part, au déclin de mon pays. Il est temps de mettre fin aux faux-semblants. Il est temps de prendre un nouveau départ. C'est pourquoi j'ai décidé d'être candidat à la présidence de la République.
Vous me connaissez. Comme tout le monde, j'ai mes qualités et mes défauts. Mais je ne suis pas un spécialiste de la virevolte. Je n'ai jamais fardé la réalité. J'ai toujours agi avec loyauté. Je suis un homme d'ouverture. Je n'ai pas l'esprit de parti. Je veux un État impartial au service de tous.
Si vous m'accordez votre confiance, nous traiterons sérieusement les vraies questions dont dépendent notre avenir et celui de nos enfants: la vitalité de la famille, la qualité de l'éducation, le renouveau de la recherche et de la technologie, le poids des impôts, la garantie de la protection sociale, le drame humain de la pauvreté et de la solitude. Ensemble, nous travaillerons à ce que notre vieux pays de liberté renforce sa cohésion par la solidarité et la justice; qu'il retrouve le sens profond du civisme et du patriotisme. Ensemble, nous ferons de la France l'artisan d'une véritable union économique, monétaire et politique de l'Europe.
M'adressant à chacune et à chacun d'entre vous, je vous dis: il est temps de faire confiance à la France et aux Français. Si vous le voulez, nous ferons ensemble une France forte et fraternelle.

Vocabulaire

13 **le septennat** période de sept ans pendant laquelle le président de la République exerce son mandat – **reculer** baisser, céder du terrain   19 **le déclin** Niedergang   20 **un enjeu** ici: importance de ce dont il s'agit   29 **la virevolte** ici: changement de position, d'opinion   30 **farder** maquiller, embellir   33 **impartial/e** qui ne favorise personne   45 **la cohésion** Zusammenhalt   47 **le civisme** sens de la responsabilité du citoyen par rapport à l'État   48 **un artisan de** ici: *bestimmende, treibende Kraft beim Aufbau von*

Interview de Monsieur François Mitterrand, président de la République au journal d'Antenne 2 (Paris, le mardi 22 mars 1988):

Question – Monsieur le Président, bonsoir et merci d'avoir accepté l'invitation de la rédaction d'Antenne 2. Ma première question est simple et directe à la fois, vous allez le voir. Quelque chose me dit d'ailleurs que je serai le dernier journaliste de France et de Navarre à vous poser cette question, Monsieur le Président: êtes-vous à nouveau candidat à la présidence de la République?
Le Président – Oui.
Question – Vous avez mûrement réfléchi?
Le Président – Je le crois.
Question – Au fond, pourquoi briguez-vous un second mandat, Monsieur le Président, j'allais dire Monsieur le candidat?
Le Président – Vous savez, depuis déjà quelques mois, j'ai beaucoup écouté les discours des uns et des autres. Et dans tout ce bruit, j'aperçois un risque pour le pays de retomber dans les querelles et les divisions qui si souvent l'ont miné. Et bien, je veux que la France soit unie et elle ne le sera pas si elle est prise en main par des esprits intolérants, par des partis qui veulent tout, par des clans ou par des bandes. Elle ne le sera pas non plus – et sur le premier point j'insiste – car il faut la paix civile à la France si on veut qu'elle soit prête à aborder le temps qui vient.
Question – Monsieur Mitterrand, très franchement, ce sont là les circonstances exceptionnelles dont vous parlez?
Le Président – Je n'ai pas terminé sur ce point. Je ne ferai pas un long discours, ayez la patience de m'entendre. Je dis que la France ne sera pas unie non plus si des intérêts particuliers, égoïstes par nature, exercent leur domination sur le pays au risque de déchirer le tissu social, d'empêcher la cohésion sociale qui correspond à la cohésion nationale nécessaire. Alors je dis: il faut la paix sociale, il faut la paix civile.

Vocabulaire

16 **mûrement** *reiflich*   19 **briguer qc** *tenter énergiquement d'obtenir qc*   27 **miner** *untergraben, aushöhlen*   45 **le tissu** *Gewebe*

Sujets d'étude

II   Comparez les trois déclarations sous les aspects suivants:
– rôle qu'y tiennent les partis politiques;
– buts politiques proposés;
– façons de parler de sa propre personne;
– façons de s'adresser à l'interlocuteur/au public.

La lettre à tous les Français (extrait)

Mes chers compatriotes,

Vous le comprendrez. Je souhaite, par cette lettre, vous parler de la France. Je dois à votre confiance d'exercer depuis sept ans la plus haute charge de la République. Au terme de ce mandat, je n'aurais pas conçu le projet de me présenter de nouveau à vos suffrages si je n'avais eu la conviction que nous avions encore beaucoup à faire ensemble pour assurer à notre pays le rôle que l'on attend de lui dans le monde et pour veiller à l'unité de la Nation.

Mais je veux aussi vous parler de vous, de vos soucis, de vos espoirs et de vos justes intérêts.

J'ai choisi ce moyen, vous écrire, afin de m'exprimer sur tous les grands sujets qui valent d'être traités et discutés entre Français, sorte de réflexion en commun, comme il arrive le soir, autour de la table, en famille. Je ne vous présente pas un programme, au sens habituel du mot. Je l'ai fait en 1981 alors que j'étais à la tête du Parti socialiste. Un programme en effet est l'affaire des partis. Pas du Président de la République ou de celui qui aspire à le devenir. L'expérience acquise, là où vous m'avez mis, et la pratique des institutions m'ont appris que si l'on voulait que la République marche bien, chacun devait être et rester à sa place. Rien n'est pire que la confusion. L'élection présidentielle n'est pas comparable à l'élection des députés. Et s'il s'agit de régler, jusqu'au détail, la vie quotidienne du pays, la tâche en revient au gouvernement. Mon rôle est de vous soumettre le projet sur lequel la France aura à se prononcer les 24 avril et 8 mai prochains pour les sept années à venir. Je le remplirai de mon mieux avec, au cœur et dans l'esprit, une fois dépassées les légitimes contradictions de notre vie démocratique, la passion d'une France unie. Je m'inquiète parfois des montées de l'intolérance. Nous avons besoin de nous rassembler, mes chers compatriotes. Pour cela, je vous propose une politique pour la France.

François Mitterrand

Sujets d'étude

II   1. Comment François Mitterrand motive-t-il sa candidature?
     2. Décrivez le rôle présidentiel tel que François Mitterrand le conçoit.
     3. Comment voit-il le rôle des partis politiques?
     4. Par quels moyens François Mitterrand cherche-t-il à établir un climat de confiance entre les électeurs et lui-même?

III 1. Que pensez-vous de la manière choisie par François Mitterrand pour s'adresser aux électeurs?
     2. Comparez ce document au discours présidentiel du lendemain des élections législatives de mars 1986 (cf. p. 37).
     3. Comparez-le également à l'interview précédente. Relevez et expliquez les différences stylistiques.

La candidature Le Pen

Comme lors des élections législatives de mars 86, c'est surtout Jean-Marie Le Pen qui a attiré – que ce soit dans un sens négatif ou positif – l'attention des électeurs et des médias. En témoignent, à titre d'exemple, les deux affiches suivantes, l'une étant dirigée contre, l'autre en faveur de sa candidature.

Sujets d'étude

II   1. Expliquez le sens de cette affiche.
     2. Décrivez les procédés employés par cette affiche.
     3. Quel intérêt un candidat de gauche (ici P. Juquin) peut-il avoir à faire coller une telle affiche?

III Connaissez-vous d'autres images du même type (p.ex. de J. Heartfield, K. Staeck, etc.)? Comparez-les du point de vue politique et/ou graphique à l'affiche ci-dessus.

Une affiche placardée par le FN en Alsace:

Sujets d'étude

I   Décrivez cette affiche dans tous ses détails. Dites ce qu'est devenue la cathédrale de Strasbourg.

II 1. Formulez le message de l'affiche.
    2. Expliquez les techniques graphiques mises en œuvre.
    3. Brossez le portrait-robot de l'électeur à qui s'adresse cette affiche (À quels sentiments cette affiche fait-elle appel?).

III Imaginez une affiche semblable en Allemagne où la cathédrale serait p.ex. celle de Cologne. Quelles seraient vos réactions?

«J'hésite»

Plutôt que d'être un débat d'idées, la campagne électorale du 1er tour s'est présentée comme une mise en scène fortement personnalisée des différents protagonistes. Ce vide thématique est mis en relief par les caricatures suivantes.

Sujets d'étude
I   Décrivez les caricatures.
II Comment le caricaturiste ressent-il les candidatures en question.

2. Les résultats du 1er tour

Les résultats

F. Mitterrand (PS)	34,10 %	A. Waechter (écologiste)	3,78 %
J. Chirac (RPR)	19,90 %	P. Juquin (communiste dissident)	2,10 %
R. Barre (UDF)	16,55 %	A. Laguiller (extrême gauche)	2,00 %
J.-M. Le Pen (FN)	14,41 %	P. Boussel (extrême gauche)	0,38 %
A. Lajoinie (PCF)	6,78 %		

Sujet d'étude

II Comparez ces résultats à ceux du 1er tour des élections présidentielles de 1981:

F. Mitterrand (PS)	25,84 %	G. Marchais (PCF)	15,34 %
J. Chirac (RPR)	17,99 %	B. Lalonde (écologiste)	3,87 %
V. Giscard d'Estaing (UDF)	28,31 %	A. Laguiller (extrême gauche)	2,30 %

L' onde de choc

Sous son beau costume bleu marine, M. Jean-Marie Le Pen roule les muscles. Il gronde contre les partis de droite qui ne feront plus rien sans lui. Côte à côte, MM. Raymond Barre et Jacques Chirac offrent aux Français un duo cacophonique qui tient lieu de «*déclaration commune*» annoncée. Le premier pose au second des conditions (pour une «*société ouverte et tolérante*», contre la «*xénophobie*», le «*racisme*» et tous les «*extrémismes*») et M. Chirac qui tiendra «*le plus grand compte des ces observations*» répond à côté.

M. Le Pen parle d'un «*tremblement de terre*» politique. C'en est un, en effet: la secousse est forte pour la droite traditionnelle, qui recule et accroît sa dépendance vis-à-vis de l'extrême-droite; l'onde de choc menace les centristes aujourd'hui sommés de choisir leur camp.

Elle révèle enfin une société française malade, plus atteinte qu'on ne croyait et dont la guérison ne paraît pas être pour demain. L'image de la France, seule grande démocratie occidentale à subir pareil phénomène, en souffrira.

Dans l'immédiat, les résultats du premier tour créent les meilleures chances pour une réélection de M. François Mitterrand. L'équation du second tour est en effet résolue par un «*tremblement de terre*», celui qui affecte la droite: elle éclate en trois pôles – barristes, chiraquiens et lepénistes – de force presque équivalente. Cet éclatement introduit dans le paysage politique un changement de première grandeur. Il donne à M. Mitterrand le bénéfice d'un choc comparable au recul communiste de 1981.

© *Le Monde*, 26 avril 1988

Vocabulaire

4 **gronder** ici: s'exprimer de façon violente et peu respectueuse   7 **la cacophonie** *Konzert von Fehlklängen*   8 **tenir lieu de** faire figure de, remplacer   14 **répondre à côté** ne pas répondre à la question posée   17 **la secousse** *Stoß, Beben*   21 **sommer qn de faire qc** inviter qn à faire qc *(auffordern)*   23 **atteindre** ici: toucher, frapper, affecter   24 **la guérison** *Gesundung, Heilung*   31 **une équation** *Gleichung*

Sujets d'etude

I Pourquoi les résultats du premier tour créent-ils les meilleures chances pour François Mitterrand?

II 1. Décrivez et commentez la situation de la droite après le premier tour.
2. Expliquez la deuxième phrase de l'article: «Il (J.-M. Le Pen) gronde contre les partis de droite qui ne feront plus rien sans lui.»

3. Le 2e tour

Le 2e tour des présidentielles a vu s'affronter Jacques Chirac et François Mitterrand. Pendant la campagne, ce dernier s'est pré-
5 *senté en tant que candidat rassembleur des forces de gauche et modérées alors que J. Chirac s'est trouvé confronté à une tâche autrement plus difficile. Sa victoire dépendait d'un report de voix sans faille*
10 *de l'ensemble des forces de droite. Il s'agissait donc pour lui de s'assurer le soutien tant de l'électorat centriste (UDF) que celui du FN, sans pour autant faire à l'un des deux des concessions qui risqueraient*
15 *de l'éloigner de l'autre. La situation créée par le 1er tour a donc, une fois de plus, mis le FN au centre de la polémique comme en témoignent la caricature et l'affiche ci-dessous:*

Vocabulaire
9 **sans faille** *lückenlos*

Sujets d'etude

I/II 1. Décrivez et expliquez la caricature et l'affiche.
2. Où est-ce que vous avez déjà rencontré, dans ce dossier, une caricature mettant en jeu les mêmes procédés que l'affiche ci-dessus?

III Quelle stratégie auriez-vous adoptée à la place de J. Chirac? Imaginez un discours électoral qui puisse attirer tant les centristes que les électeurs du FN.

Hypothèses de 3ᵉ tour

Jacques Chirac ne part pas favori, car il rencontre une double difficulté. Il lui manque beaucoup de voix et il doit en récupérer sur sa droite, sans pour autant en perdre au centre, et réciproquement.

La tâche de François Mitterrand est plus facile. Il aura les voix communistes, et de l'extrême droite il attend qu'elle effraie les centristes et qu'elle les détache de Jacques Chirac. Sa manœuvre générale a parfaitement réussi. Elle tenait en quatre propositions. D'abord, la cohabitation, pour se dresser en rassembleur et briser la vague de 1986. Puis un programme socialiste minimal pour rassurer. Mais également la désignation de Jacques Chirac comme adversaire privilégié, pour se conforter. Et enfin, pour inquiéter, la mise en valeur de Le Pen par l'adoption de la proportionnelle et par une attitude ambiguë sur l'immigration.

Si Jacques Chirac est élu, deux choses sont sûres. Il ne dissoudra pas l'Assemblée nationale et il conservera le mode de scrutin majoritaire qu'il fit instaurer dès son arrivée à Matignon. Mais le Front national lui pose d'ores et déjà un redoutable problème. Il suffit de lire les résultats du scrutin de dimanche pour voir que la fusion du RPR et de l'UDF devient une nécessité arithmétique, et la confrontation électorale entre ces deux formations une impossibilité politique. Il devra donc fédérer les familles qui lui sont proches et gagner les voix de l'extrême droite.

Si François Mitterrand est élu, deux choses sont incertaines. Quand procédera-t-il à la dissolution de l'Assemblée et quel mode de scrutin fera-t-il adopter? Il peut – s'il trouve une majorité pour cela – réformer la loi électorale avec la chambre actuelle. Il peut aussi dissoudre et remettre à plus tard cette réforme. Mais il n'échappera pas à un dilemme: Adoptera-t-il une stratégie de concentration ou une stratégie de confrontation?

La concentration implique un mode de scrutin mixte, combinant la règle majoritaire et la règle proportionnelle, comme dans le système allemand. Dans cette hypothèse, Mitterrand donne, certes, satisfaction à l'extrême droite et à l'extrême gauche, mais il permet aussi à la droite et à la gauche modérées de se libérer des étreintes de leurs extrêmes. L'inconvénient, pour lui, sera qu'il devra gouverner en compagnie des centristes.

L'autre stratégie, celle de la confrontation, repose sur la dissolution rapide et le maintien du mode de scrutin majoritaire. En réponse, une fédération RPR/UDF se constituera certainement à droite. Mais rien ne sera possible sans Le Pen, et rien ne sera autorisé avec lui.

© *L'Express*, 6 mai 1988

Vocabulaire

4 **récupérer** ici: recueillir   6 **réciproquement** ici: inversement   10 **détacher de** séparer de   12 **tenir en** ici: *bestehen aus*   14 **se dresser en** se poser en, se présenter en tant que   18 **se conforter** ici: renforcer sa position   19 **la mise en valeur** accentuation, renforcement   21 **ambigu/ë** qui manque de clarté   28 **d'ores et déjà** dès maintenant   35 **fédérer qn** gagner qn à sa cause   56 **l'étreinte** (f) ici: *Umklammerung*

Sujets d'étude

I   D'après l'auteur de l'article, la manœuvre générale de F. Mitterrand tenait en quatre propositions. Quel est le contenu de cette manœuvre?

II   1. Expliquez le titre de l'article.
    2. Analysez la situation de J. Chirac entre les deux tours telle quelle est présentée dans l'article.
    3. Quel est le dilemme auquel, d'après l'auteur de l'article, F. Mitterrand n'échappera pas?

III   1. Expliquez la phrase: «Mais rien ne sera possible sans Le Pen, et rien ne sera autorisé avec lui.»
    2. Représentation proportionnelle ou scrutin majoritaire? Discutez le pour et le contre de ces deux modes de scrutin et analysez le rôle qu'ils pourraient jouer dans l'hypothèse d'un «troisième tour».

Les résultats du 2ᵉ tour

Inscrits	38.168.869	
Votants	32.085.071	
Suffrages exprimés	30.923.249	
Majorité absolue	15.461.625	
François Mitterrand	16.704.279	(54,01 %)
Jacques Chirac	14.218.970	(45,98 %)

Les reports de voix entre le 1ᵉʳ et le 2ᵉ tour

Les électeurs (au 1ᵉʳ tour) de	ont voté Mitterrand	ont voté Chirac
Boussel + Laguiller + Juquin	91	9
Lajoinie	93	7
Mitterrand	99	1
Waechter	79	21
Barre	14	86
Chirac	3	97
Le Pen	26	74
Abstentionnistes de 1ᵉʳ tour	65	35

Sujet d'étude

II   Analysez les reports de voix entre le 1ᵉʳ et le 2ᵉ tour. Y-a-t-il des reports qui vous paraissent surprenants? Avez-vous des éléments d'explication?

Profil sociologique des électorats Mitterrand et Chirac

	Mitterrand	Chirac
Ensemble	54	46
Sexe		
Homme	54	46
Femme	54	46
Age		
18–24 ans	64	36
25–34 ans	65	35
35–49 ans	57	43
50–64 ans	46	54
65 ans et +	43	57

	Mitterand	Chirac
Profession		
Agriculteur	29	71
Petit commerçant, artisan	37	63
Profession libérale	42	58
Cadre supérieur	46	54
Enseignant et serv. med. soc.	70	30
Cadre moyen	58	42
Employé de bureau	60	40
Employé de commerce	58	42
Ouvrier	74	26
Personnel de service	74	26
Statut		
Salarié public	74	26
Salarié privé	59	41
À son compte	31	69
Chômeur	62	38
Inactif	46	54
Pratique religieuse		
Catholique pratiquant	33	67
Catholique non pratiquant	56	44
Sans religion	74	26
Autre religion	69	31

Le Monde, Dossiers et documents,
Election présidentielle, mai 1988

Sujet d'étude

III   Brossez le portrait-robot d'un électeur de F. Mitterrand et comparez-le à celui d'un électeur de J. Chirac. Quels pourraient être les soucis, les préoccupations et les attentes de ces deux types d'électeurs?

B Les élections législatives des 5 et 12 juin 1988

1. Le phénix et les centres

En 1986, F. Mitterrand fut le premier président de la République à être désavoué par les électeurs lors d'un scrutin législatif. Il fut obligé de laisser gouverner une coalition de droite et de pratiquer la cohabitation. Le 8 mai 1988, en renforçant le bon résultat du premier tour, vit un retournement complet de cette situation. Réélu avec 54 %, F. Mitterrand ressuscita comme un phénix des cendres.

Avant les élections présidentielles, M. Mitterrand avait affirmé, à plusieurs reprises, sa volonté de pratiquer, dès le lendemain du 8 mai, une politique d'ouverture et de rassembler bien au-delà du seul Parti socialiste. Son concurrent du 2ᵉ tour, J. Chirac, jusqu'alors Premier ministre, avait, quant à lui, fait savoir, qu'en cas de défaite, il démissionnerait.

La nomination au poste de Premier ministre de Michel Rocard, considéré comme un socialiste modéré et jouissant de l'estime de beaucoup de libéraux, devait faire avancer la cause de «l'ouverture». Le nouveau Premier ministre ne réussit cependant pas à faire entrer dans son gouvernement des personnalités appartenant à (ou proche de) la majorité parlementaire de droite, en dehors de deux centristes qui s'étaient déjà ralliés entre les deux tours à la candidature de F. Mitterrand. Faisant appel à des candidats «sans étiquette», le gouvernement Rocard comptait parmi ses membres 40 % de non-socialistes, mais aussi, et ceci à des postes clés, beaucoup de socialistes qui avaient déjà exercé des fonctions ministérielles entre 1981 et 1986.

Le refus des centristes de prendre des responsabilités ministérielles fit dire à M. Rocard que son gouvernement ne disposait pas d'une majorité stable pour mener à bien son action politique. Le président de la République décida alors de dissoudre l'Assemblée nationale, dans l'espoir que de nouvelles élections législatives ramèneraient une majorité compatible avec la majorité présidentielle.

© *Robert Gauthier*, mai 1988

Vocabulaire

3 **désavouer qn** contr.: confirmer   8 **le retournement** changement radical   10 **ressusciter** *auferstehen*   11 **la cendre** *Asche*   23 **jouir de qc** *etw genießen*   31 **se rallier à** se joindre à, s'associer à   48 **compatible avec** *vereinbar mit*

Sujets d'étude

I   1. Expliquez pourquoi les affirmations suivantes sont complètement ou partiellement correctes/incorrectes:
– Les propositions d'ouverture n'ont rencontré d'écho ni dans les rangs de l'UDF ni au RPR.
– Michel Rocard n'a pas cherché «l'ouverture politique».
– Le gouvernement Rocard était surtout composé de personnalités «sans étiquette».
   2. Expliquez le titre de l'article.

II   Expliquez les (parties des) phrases suivantes:
– «En 1986, F. Mitterrand fut le premier président de la République à être désavoué par les électeurs, lors d'un scrutin législatif.»
– «Réélu avec 54 %, F. Mitterrand ressuscita comme un phénix des cendres de mars 1986.»

2. RPR + UDF = URC

La décision de dissoudre l'Assemblée nationale fut vivement critiquée par la grande majorité des représentants du RPR et de l'UDF. Ils ont réagi à ce qu'ils considéraient comme une manœuvre politicienne en présentant, sous le sigle de l'URC (Union des républicains et du centre), des candidats communs RPR/UDF. Voici «l'acte de naissance» de l'URC, publié le 17 mai par le RPR et l'UDF:

Les Françaises et les Français constatent que, depuis sa réélection à la présidence de la République, M. Mitterrand cherche à assurer la mainmise du Parti socialiste sur les pouvoirs publics. La composition du gouvernement qu'il a nommé et où se trouvent ceux qui ont mené le combat idéologique avec le plus de sectarisme, en témoigne. En témoigne aussi la dissolution précipitée de l'Assemblée nationale, décidée en contradiction avec les déclarations de M. Mitterrand antérieures au 8 mai, et avant même que le président ait défini et présenté au Parlement la politique de son gouvernement. Ainsi est-il évident que l'ouverture qu'il avait annoncée était une duperie. L'enjeu est donc clair. Les Français ont le choix:

Soit de donner au seul Parti socialiste, comme en 1981, et pour cinq ans, la totalité du pouvoir, et il n'y aura pas d'ouverture;

Soit de donner leur confiance à des hommes et des femmes qui ont fait la démonstration de leur efficacité, de leur volonté d'ouverture, de justice sociale et de modernisation.

Dans cet esprit, le RPR et l'UDF réaffirment leur attachement commun aux objectifs suivants:
– le dynamisme et la liberté économique qui créent des emplois;
– la solidarité entre tous les Français, citoyens égaux en devoirs et en droits;
– la priorité à la formation et à la culture;
– la sécurité des personnes;
– la tolérance et le respect des autres;
– l'amour et la fierté de la France, capable de rayonner en Europe et dans le monde.

Pour atteindre ces objectifs et réunir une majorité dans la prochaine Assemblée nationale, un candidat d'union sera présenté dans chaque circonscription sous le sigle de l'Union des républicains et du centre.

Déclaration commune, 17 mai 1988

Vocabulaire

10 **un acte de naissance** *Geburtsurkunde*   15 **la mainmise** action de prendre qc, de s'en emparer   16 **les pouvoirs publics** organes administratifs de l'État   19 **le sectarisme** intolérance   23 **antérieur/e à** avant   28 **la duperie** tromperie – **un enjeu** ce qui est en jeu, ce que l'on peut gagner ou perdre   40 **un attachement à** *Bindung an*   50 **rayonner** *strahlen, ausstrahlen*

Sujets d'étude

I   Résumez l'attitude de l'URC face à l'ouverture proposée par F. Mitterrand.

II 1. Expliquez le passage suivant: «Les Français ont le choix: Soit de donner au seul Parti socialiste, comme en 1981, et pour cinq ans, la totalité du pouvoir, et il n'y aura pas d'ouverture...»
    2. Lesquels des objectifs de l'URC pourraient attirer/repousser l'électorat lepéniste? Expliquez votre réponse.

III D'après vous, l'existence de l'URC va-t-elle accentuer ou réduire le clivage entre la gauche et la droite? Discutez-en en classe.

3. Les résultats du premier tour

Les résultats des sondages étaient unanimes: vue la victoire de F. Mitterrand à l'élection du 8 mai et grâce à la «dynamique présidentielle» créée par celle-ci, le Parti socialiste avait toutes les raisons d'espérer une véritable «marée rose». Mais, une fois de plus, la réalité a fait mentir les ordinateurs des instituts de sondages:

Inscrits	37.945.582	
Votants	24.944.792	
Exprimés	24.432.095	
Abstentions	13.000.790	(34,26 %)

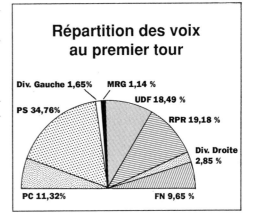

Sujets d'étude

II 1. Comparez les résultats de ce premier tour aux résultats des élections législatives de mars 1986 (cf. p. 29).
2. Comparez-les également aux résultats du 1er tour des élections présidentielles de 1988 (cf. p. 74).

Les gros titres *Voici les gros titres de trois quotidiens des 6 et 7 juin:*

> ### PS ET URC AU COUDE À COUDE; ABSTENTION RECORD; SUR LE FIL
> Contrairement aux pronostics, rien n'est joué:
> – La dynamique présidentielle a été peu sensible.
> – Le RPR et l'UDF devancent le PS.
> – Un électeur sur trois n'a pas voté.
>
> *Le Figaro,* 6 juin

> ### RETOUR DE L'AFFRONTEMENT DROITE-GAUCHE POUR LE SECOND TOUR L'OUVERTURE SERA FERMÉE JUSQU'À DIMANCHE
> *Libération,* 7 juin 1988

> ### Le taux record de l'abstention crée l'incertitude sur la composition de l'Assemblée nationale.
> *Le Monde,* 7 juin 1988

Sujets d'étude

II Expliquez et commentez ces gros titres.

4. URC – Front national: même combat?

Après le faible score réalisé par les socialistes lors du premier tour des élections, une victoire de la droite ne paraissait plus totalement impossible. Il s'agissait donc, pour elle, de mobiliser au maximum l'électorat de droite. Dans cette situation, la question des rapports avec le Front national revêtait une importance particulière. Avant les élections, les centristes s'étaient clairement prononcés contre toute alliance avec l'extrême droite taxée de racisme et de xénophobie. Des positions semblables étaient défendues jusque dans les rangs chiraquiens. C'est ainsi que Michel Noir, ministre du Commerce extérieur de 1986 à 1988, avait affirmé qu'«il valait mieux perdre une élection que perdre son âme». Or, le maintien des candidats lepénistes au 2e tour pouvait faire perdre une vingtaine de sièges à l'URC. Le Front national n'était prêt à retirer ses candidats qui n'avaient aucune chance d'être élus qu'à condition que l'URC en fasse autant dans les circonscriptions, toutes situées dans la région de Marseille, où Jean-Marie Le Pen et quatre de ses amis pouvaient espérer ainsi l'emporter au 2e tour.

Le 8 juin, Jean-Claude Gaudin, président du groupe parlementaire UDF et président du Conseil régional de la région Provence-Côte d'Azur (élu à ce poste, dès 1986, avec les voix du Front national) a annoncé le désistement des cinq candidats de l'URC concernés; le FN, de son côté, s'est déclaré prêt à éviter, par le retrait de ses candidats, des «triangulaires» dans la plupart des circonscriptions, facilitant ainsi la victoire de bon nombre de candidats de la droite traditionnelle. Du côté de l'URC, on parlait d'«arrangement local», d'«affaire purement locale», ou tout au plus de «retraits réciproques» tandis qu'à gauche on attaquait violemment cet «accord de valeur nationale», accord qualifié de «scélérat et inadmissible» par Pierre Mauroy, le nouveau premier secrétaire du Parti socialiste.

Nous allons citer, par extraits, deux prises de position illustrant deux approches parfaitement opposées de ce problème. Nous donnons d'abord la parole à JEAN-CLAUDE GAUDIN:

«Cinq de nos amis ont constaté qu'ils n'étaient pas en mesure de l'emporter dimanche prochain, que leur maintien ne pouvait que favoriser l'élection d'un socialiste ou d'un communiste, alors ils ont individuellement fait savoir qu'il ne leur apparaissait pas utile de se maintenir. J'ai approuvé cette décision ... Mais qu'on m'explique comment on peut obliger un candidat qui veut se retirer à rester. Quel tintamarre autour d'un, deux ou trois élus du FN. Ils représentent quand même chacun plus d'un million de voix. Est-ce vraiment scandaleux? Et de toutes les façons, trois ce sera moins que plus de trente entre 1986 et 1988, grâce à la proportionnelle voulue par les socialistes. Ici, on s'est toujours battu contre les socialistes. Nous n'avons pas changé et nous ne perdons pas notre âme.

Cela ne m'inquiète pas d'être bousculé par l'intelligentsia de gauche et les médias parisiens, car je sais qu'ici mes amis marseillais me comprennent et m'approuvent. Il ne fallait pas compter sur moi pour, grâce à des triangulaires, ouvrir une voie royale à des socialistes et des communistes que j'ai toujours combattus. Je n'ai pas vocation à leur servir de marchepied.»

SERGE JULY, rédacteur en chef du quotidien *Libération*, a placé le débat sur un tout autre terrain dans son éditorial du 8 juin qu'il a intitulé ainsi: «Le Pen et les tartuffes»:

«Le Pen a gagné. Certes il a perdu deux millions d'électeurs depuis le 24 avril, mais il vient d'atteindre l'objectif qu'il poursuit depuis maintenant cinq ans: un accord avec le RPR et l'UDF, qui fasse de lui une part intégrante de la droite. Même s'il est personnellement battu dans sa circonscription de Marseille, le leader du Front national peut d'ores et déjà pavoi-

ser: il a franchi un échelon de plus dans l'infiltration de la droite républicaine.
Le paria d'extrême droite, le leader de la droite autoritaire et xénophobe est parvenu à imposer sa présence aux dirigeants de la majorité sortante RPR/UDF. Lui et ses candidats pourront dans les Bouches-du-Rhône se pavaner comme les représentants de toutes les droites face à la «menace socialo-communiste». Dans le futur, ils pourront se prévaloir de cet accord pour pénétrer les municipalités.»
Décidément, le débat autour des alliances entre la droite traditionnelle et l'extrême droite est loin d'être clos.

Robert Gauthier, juillet 1988

Vocabulaire

2 **le score** le résultat   9 **revêtir** ici: avoir   12 **taxer de** accuser de   24 **en faire autant** faire pareil, la même chose   28 **l'emporter** gagner, remporter la victoire   47 **scélérat/e** infâme, criminel – **inadmissible** inacceptable   65 **le tintamarre** bruit énorme   75 **bousculer** ici: attaquer   82 **avoir vocation à faire qc** avoir la tâche de, être là pour faire qc   83 **le marche-pied** *Trittbrett,* ici: *Steigbügelhalter*   88 **le tartuffe** hypocrite, homme malhonnête, contr.: «sincère» (du nom du protagoniste de la comédie «Le Tartuffe» de Molière)   98 **d'ores et déjà** déjà (renforcé), dès maintenant – **pavoiser** se réjouir, triompher   99 **franchir un échelon de plus** faire un pas en avant   106 **se pavaner** être fier   109 **se prévaloir de** tirer avantage/profit de   111 **décidément** vraiment, effectivement

Sujets d'étude

I Expliquez les mots suivants à partir de leur contexte:
   maintien, retrait, désistement, (élections) triangulaires.
II 1. Décrivez le dilemme de la droite face au Front national.
    2. Pourquoi l'URC met-elle l'accent sur l'aspect local de son arrangement avec le FN alors que le PS en souligne la portée nationale?
    3. Analysez les systèmes d'argumentation de J.-C. Gaudin et de Serge July (différentes façons de poser le problème, omissions, tentatives de minimiser ou bien de souligner l'importance de l'affaire, références au passé et à l'avenir, etc.).
III Voici deux formules maintes fois répétées dans le débat autour des alliances URC/Front national:
   «Il n'y a pas de compromis possible avec les apôtres du racisme et de la xénophobie.» / « Les électeurs d'extrême droite sont des Français comme les autres qu'il s'agit de ne pas exclure, mais de ramener à des partis plus modérés.» Prenez position.

5. Les résultats du 2ᵉ tour

Inscrits	30.023.087	
Votants	21.003.066	
Abstentions		30,50 %
Suffrages exprimés	20.304.014	
Majorité prés. + div. gauche	9.881.685	48,66 %
URC + div. droite	9.510.056	46,83 %
Parti communiste	695.569	3,42 %
Front national	216.704	1,06 %

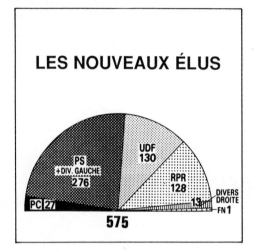 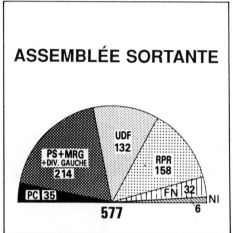

„Les Élections législatives de juin 1988", *Le Monde, Dossiers et Documents* (supplément juin 1988)

Sujets d'étude

II 1 Comparez ces résultats aux différents scrutins précédents, notamment aux dernières législatives. Commentez aussi l'important taux d'abstention.
   2 Le but déclaré de la gauche – disposer d'une majorité parlementaire stable – a-t-il été atteint? Comment expliquer cette issue?
   3 Expliquez le faible score du Parti communiste et, plus particulièrement, du Front national en tenant compte du rétablissement du scrutin majoritaire.

6. Ouverture – le mot de la fin?

Le 14 juin, dans une allocution télévisée, François Mitterrand a commenté les résultats des élections en affirmant qu'il était en mesure de mettre en œuvre la politique qu'il souhaitait mener. Il a souligné que ce scrutin avait «vu la majorité de 1986 devenir minorité et quitter le pouvoir», pour saluer ensuite l'avènement d'une nouvelle majorité: «Certes, il eût été préférable d'atteindre la majorité absolue des députés. (...) Mais, même relative, la majorité parlementaire existe. Elle est forte, elle est cohérente, elle durera.» Par la même occasion, le président de la République a lancé un nouvel appel à l'ouverture, formulé dans ces termes: «Je me réjouirai de voir progressivement se rassembler autour des choix que je vous ai soumis un nombre croissant de Français et de représentants du peuple.»

Le deuxième gouvernement Rocard, formé à la suite de ces déclarations, est composé de 48 membres, dont 24 non-socialistes; parmi eux, on trouve de nombreuses personnalités sans appartenance politique, représentant la «société civile», mais aussi deux membres de l'ancienne majorité conservatrice. Ces deux nouvelles adhésions ont suscité des interprétations controversées. Les uns y ont vu le début d'une ouverture plus large au centre, les autres, au contraire, l'échec de la politique d'ouverture puisqu'il n'y avait eu que deux «transfuges» isolés.

Dans ce contexte, il faut aussi évoquer le fait important que les centristes du CDS, l'une des composantes de l'UDF, aient constitué leur propre groupe parlementaire, l'Union démocratique du centre (UDC). Cette décision, vivement critiquée par les autres membres de l'URC, a été annoncée dès le 15 juin, dans les termes suivants:

«Sur proposition de Pierre Méhaignerie, président du CDS, le bureau politique du Centre des démocrates sociaux a exprimé le souhait de voir ses parlementaires prendre l'initiative de constituer un groupe à l'Assemblée nationale. Ce groupe parlementaire se donnera pour objectif de défendre les valeurs d'humanisme, de tolérance, d'efficacité économique au service du progrès social et de la justice qui fondent l'engagement politique des centristes. Il s'engage pour une opposition sans sectarisme, constructive, mais sans complaisance ni compromission. (...)»

Comme on voit, la création de l'UDC ne signifie pas, tout au moins pas encore, la fin de la bipolarisation de la vie politique française, le clivage gauche-droite subsiste.

Robert Fonteret, juillet 1988

Vocabulaire

5 **mettre en œuvre** mettre en pratique   9 **un avènement** naissance, arrivée de qc de nouveau   27 **la société civile** contr.: «classe politique», donc l'ensemble des citoyens en dehors des professionnels de la politique   30 **susciter** provoquer, entraîner   35 **le transfuge** personne qui abandonne sa cause, ses convictions, son parti etc. pour s'engager dans le camp opposé   55 **fonder** ici: être à la base de   57 **le sectarisme** attitude intolérante et dogmatique qui exclut tout compris avec des gens qui ont une opinion différente (cf.: la secte)   58 **la complaisance** bienveillance, acte(s) destiné(s) à flatter, à plaire à qn – **la compromission** comportement par lequel on se compromet (cf. le mot allemand «kompromittierend»)   61 **la bipolarisation** séparation ou division en deux parties nettement opposées   62 **le clivage** séparation nette – **subsister** continuer à exister

IV Annexe

A Les partis politiques (portraits-robot)

Écologistes

La faiblesse du mouvement écologiste a été, jusqu'en 1989, une des caractéristiques, étonnantes d'un point de vue allemand, du système des partis français. Faibles en nombre, dépourvus de moyens financiers et d'influence idéologique, les écologistes français se sont payés en plus le luxe de la division. À côté des **Verts**, soutenus par les «Grünen» allemands, mais se situant moins à gauche que ceux-ci, se sont présentées lors des élections législatives de 1986 des listes proches de Brice Lalonde, ancien candidat écologiste à la présidence de la République; celles-ci se situent plutôt au centre tout en prétendant, comme le font les Verts, à une place en dehors (ou au-dessus) des schémas politiques traditionnels.

FN
Front national.
8, rue du général Clergerie, F–75116 Paris. Président: Jean-Marie Le Pen.
Fondé en 1972 et présidé dès le début par Jean-Marie Le Pen, ce parti d'extrême-droite ne pouvait s'attendre, selon tous les pronostics, qu'à une existence de groupuscule. Confirmant ces prévisions, son «chef» n'obtint que 0,7 % des voix aux élections présidentielles de 1974; les 1,3 % obtenus en 1979 aux élections européennes par **l'Union pour l'Euro-droite**, regroupant le FN et un autre parti d'extrême-droite, étaient un bon résultat pour cette formation.
Dans un climat politique caractérisé par l'angoisse grandissante devant une criminalité accrue (plus dangereuse dans les têtes que dans les faits), par des tendances «anti-immigrés» de plus en plus marquées ainsi que par une certaine déception à l'égard du pouvoir socialiste, on devait s'attendre à l'essor de l'extrême-droite. Les 11 % obtenus par les «lepénistes» aux élections européennes de 1984 créent cependant le choc et la surprise. Les essais d'expliquer ce résultat comme phénomène passager sont démentis depuis par tous les votes et tous les sondages, qui montrent une stabilisation du FN autour de 10 % à 12 % dans le pays, avec des pointes bien plus importantes dans les villes et régions à forte population immigrée, notamment à Marseille.

LCR
Ligue communiste révolutionnaire.
Leader: Alain Krivine. Ce groupe trotskyste a pris la succession des groupuscules très actifs lors des événements de mai 68. Son déclin, depuis le milieu des années 70, est représentatif de l'évolution du gauchisme français dans son ensemble.

MRG
Mouvement des Radicaux de gauche.
3, rue La Boétie, F–75008 Paris. Président: François Doubin. Adhérents revendiqués, en 1982: 20.000.
Né en 1972 d'une scission du **Parti radical**, ce petit parti a eu sa personnalité propre à l'intérieur de «l'Union de la gauche». Or, depuis 1981, ce profil «libéral de gauche» a tendance à devenir moins net. Pas assez nombreux pour former un groupe parlementaire, les radicaux de gauche ont plus ou moins été absorbés par le groupe socialiste.

PCF
Parti communiste français.
2, place du colonel Fabien, F–75019 Paris. Secrétaire général: Georges Marchais. Adhérents revendiqués: 610.000.
Issu, en 1920, d'une scission de la **SFIO** (v. PS), le PCF connaît des débuts difficiles. Mais après avoir joué un rôle actif dans la Résistance, il participe à plusieurs gouvernements, notamment au gouvernement provisoire présidé par Charles de Gaulle. Depuis ce temps-là, le PCF a été

un parti qui pouvait compter sur 20 %, ou plus, des voix. Complètement isolé, cependant, pendant les années 50, surtout à cause de sa fidélité aux positions soviétiques, le Parti communiste vit une phase de déstalinisation au début des années 60, ce qui lui permet de se rapprocher des autres composantes de la gauche. L'aboutissement de cette évolution est la signature, en 1972, d'un «Programme commun de gouvernement» avec le PS et le MRG. Cette politique d'«Union de la gauche» tournant vite à l'avantage du PS, le Parti communiste cherche à renforcer son influence lors des renégociations du Programme commun, en 1977. Le résultat en est la rupture de l'Union de la gauche. En 1981, Georges Marchais se présente aux élections présidentielles, ce qui est généralement interprété comme une candidature anti-Mitterrand. Ce virage «anti-unitaire», peu apprécié par les électeurs qui ne donnent que 15 % des voix à G. Marchais, est suivi d'un nouveau changement d'orientation, quand le parti accepte, après les élections de 1981, la proposition de faire partie du gouvernement. Après une phase de coexistence sans problèmes, le PCF prend de plus en plus ses distances par rapport à la politique de «rigueur» commencée en juin 1982 et renforcée en mars 1983. En juillet 1984, les communistes quittent le gouvernement. Ce nouveau passage dans l'opposition achève de donner l'impression d'un parti désorienté, sans conception à long terme, et provoque une nouvelle chute de l'audience du PCF.

PS
Parti socialiste.
10, rue de Solférino, F–75333 Cédex 07. Premier secrétaire: Lionel Jospin de 1981 à 1988; depuis: Pierre Mauroy. Adhérents revendiqués: 195.000.
Fondé en 1971, deux ans après l'échec de la **SFIO (Section française de l'internationale ouvrière**, nom du parti socialiste jusqu'à son auto-dissolution en 1969), ce parti connaît un essor rapide. Se situant nettement plus à gauche que la SFIO ou le SPD ouest-allemand, il s'engage dès 1972, avec son premier secrétaire François Mitterrand, dans la voie d'une collaboration avec le Parti communiste. Cette «Union de la gauche», basée sur un «Programme commun de gouvernement» (et à laquelle se joindra bientôt le MRG), tourne vite à l'avantage du PS. En 1974, F. Mitterrand obtient 49,2 % des voix au deuxième tour des élections présidentielles. D'autres succès font croire que le pouvoir est à portée de la main quand échouent les négociations menées avec le Parti communiste pour actualiser le «Programme commun» (principale source de conflits: le nombre des entreprises à nationaliser). Les élections législatives de 1978, négatives pour l'ensemble de la gauche, semblent enlever au PS toute chance d'accéder au pouvoir. Mais après sa victoire inattendue aux élections présidentielles de 1981, François Mitterrand dissout l'Assemblée nationale, et les élections de juin/juillet 1981 se transforment en triomphe pour les socialistes. Avec 37,5 % des voix au premier tour le PS obtient finalement la majorité des sièges, grâce au scrutin majoritaire. Le PS devient donc le parti gouvernemental par excellence, et ceci, pour la première fois de son histoire, pendant toute une législature. Celle-ci est caractérisée, notamment, par de nombreuses nationalisations, la politique de décentralisaton, un certain nombre d'améliorations sociales (5e semaine de congés payés, relèvement du salaire minimum (SMIC), ainsi que du minimum-vieillesse), les «lois Auroux» instituant de nouveaux droits pour les travailleurs à l'intérieur de l'entreprise – mais aussi par la montée du chômage.

RPR
Rassemblement pour la République.
123, rue de Lille, F–75007 Paris. Président: Jacques Chirac, secrétaire général de 1984 à 1988: Jacques Toubon, depuis: Alain Juppé. Adhérents revendiqués: 850.000.
Fondé en 1976 par J. Chirac, le RPR est le continuateur de la tradition gaulliste. Mais sa création montre la volonté de joindre à la fidélité, à la pensée et à l'action du général de Gaulle (1) une œuvre

de modernisation des structures et de l'idéologie du mouvement. En outre, le RPR devait être un instrument de combat au service de son leader, J. Chirac. Après la perte de la présidence de la République en 1974 (élection du libéral V. Giscard d'Estaing) et du poste de Premier ministre (démission de J. Chirac en août 1976), il s'agissait de resserrer les rangs non seulement face à l'Union de la gauche, mais aussi pour ne pas céder trop de terrain à la droite libérale, incarnée par le président Giscard d'Estaing et par Raymond Barre, successeur de J. Chirac comme Premier ministre.

Si le RPR respecte la tradition gaullienne en représentant la droite conservatrice voire autoritaire (notamment dans les domaines de la Justice, de la Sécurité et de l'immigration), il a cependant effectué un grand virage «libéral» dans le domaine de l'économie avec sa nouvelle politique du «moins d'État», de la dés-étatisation et de la privatisation d'une bonne partie du secteur nationalisé.

UDC
Union démocratique du centre.

Groupe parlementaire centriste, créé après les élections législatives de juin 1988. S'ils entendent se donner ainsi les moyens d'une plus grande autonomie par rapport à leurs partenaires de l'ex-majorité de droite, les centristes n'en affirment pas moins leur attachement à l'URC; par ailleurs, l'UDC reste liée aux autres parlementaires de l'UDF dans le cadre d'un «intergroupe» UDC/UDF.

URC
Union des républicains et du centre.

Regroupement du RPR et de l'UDF, fondé à l'occasion des élections législatives de juin 1988, dans le but de présenter des candidatures uniques lors de ce scrutin et d'assurer, au-delà de celui-ci, une meilleure coordination des groupes constituant l'URC.

UDF
Union pour la démocratie française.

42 bis, bd. Latour-Maubourg, F–75007 Paris. Président de 1978 à 1988 Jean Lecanuet; depuis: V. Giscard d'Estaing. L'UDF n'est pas un parti, mais une organisation à l'intérieur de laquelle se regroupent, sans cependant abandonner leurs structures, leurs programmes et leurs stratégies propres, plusieurs partis de taille moyenne et petite. Les plus importants en sont le **Parti républicain** (secrétaire général: François Léotard, adhérents revendiqués, en 1983: 190.000), le **Parti radical** (président: André Rossinot, adhérents revendiqués, en 1985: 20.000), les **Clubs perspectives et réalités** (président: V. Giscard d'Estaing, adhérents revendiqués, en 1985: 20.000), le **CDS** (Centre des démocrates sociaux). Le dénominateur commun de tous ces groupes est leur crédo libéral dans le domaine de l'économie. Celui-ci est le plus accentué du côté du Parti républicain, et le plus modéré par des considérations d'ordre social dans le cas du CDS, fortement influencé par la doctrine catholique. Le Parti radical a hérité de sa tradition une image de parti du progrès dont on peut trouver quelques traces dans ses prises de position relativement nuancées dans le domaine de l'immigration.

Fondée en 1978, juste avant les élections législatives, le premier but de l'UDF a été de rassembler toutes les formations qui soutenaient le président V. Giscard d'Estaing, surtout face à l'Union de la gauche, mais aussi face à ses alliés du RPR, de plus en plus critiques à l'égard du président et face à Raymond Barre. Si cette organisation, déchirée par des rivalités personnelles et des divergences stratégiques (cf. «l'anti-cohabitationnisme» de R. Barre) a survécu aux circonstances de sa naissance, cela est aussi dû au fait qu'aucune de ses composantes n'a, à elle seule, de sérieuses chances électorales.

---

(1) Pendant la Deuxième Guerre mondiale, chef de la Résistance à l'occupant nazi, et fondateur, en 1958, de la Ve République dont il fut le premier président.

B   Annexe Biographique

BALLADUR, Édouard (* 1930): Haut fonctionnaire et, du temps du président Pompidou, conseiller technique, puis secrétaire général adjoint (1969), voire même secrétaire général à la présidence de la République. É.B. occupe, par la suite, différents postes de direction dans le secteur privé. De 1969 à 1981, il préside, en plus, la société française pour la construction et l'exploitation du tunnel routier sous le Mont Blanc. Il revient à la politique au début des années 80, comme l'un des plus proches conseillers de Jacques Chirac qui, en 1986, en fait son ministre de l'Économie et des Finances, ministre d'État, et l'un des membres les plus influents de son gouvernement.

BARRE, Raymond (* 1924): Universitaire. Professeur d'économie politique et vice-président de la Commission européenne à Bruxelles, de 1967 à 1972. R.B. ne commence à jouer un rôle politique national qu'à partir du moment où Valéry Giscard d'Estaing (VGE) le nomme Premier ministre, en 1976, en remplacement de Jacques Chirac, démissionnaire. Sans appartenance politique au moment de sa nomination, il finira par choisir le statut d'adhérent direct de l'*UDF*; s'il n'a donc jamais adhéré à aucune de ses composantes, il est cependant longtemps très proche des centristes du *CDS*. Chef du gouvernement jusqu'en 1981, il semble découvrir ses propres ambitions présidentielles après l'échec de VGE aux élections présidentielles de 1981. Se situant délibérément au-dessus des partis, il prépare sa campagne de 1988 par la mise en place de comités de soutien (réseaux *Réel*) et le lancement de sa revue, *Faits & Arguments*. Député du Rhône depuis 1978.

CHIRAC, Jacques (* 1932): Après un début de carrière comme haut fonctionnaire ministériel, J.C. est élu député de la Corrèze – et toujours réélu depuis – pour la première fois en 1967. La même année, il siège pour la première fois au gouvernement, comme secrétaire d'État. De 1972 à 1974, il est ministre de l'Agriculture, avant un bref passage à l'Intérieur. En 1974 toujours, il soutient, avec d'autres députés gaullistes, la candidature de VGE à la présidence de la République, et ceci malgré la désignation officielle de J. Chaban-Delmas comme candidat gaulliste. Giscard élu, cette attitude lui vaut d'être nommé Premier ministre par celui-ci. Estimant que le président ne lui laisse pas assez de liberté d'action, il rompt avec lui et démissionne avec fracas. Pour relancer la «machine» gaulliste, il fonde, en décembre 1976, le *Rassemblement pour la République (RPR)* dont il est le président depuis et qu'il transforme, peu à peu et jusqu'en 1988 tout au moins, en un appareil entièrement dévoué aux desseins de son président. Maire de Paris depuis 1977, J.C. est candidat malheureux aux élections présidentielles de 1981 (17,99 % des voix au premier tour; VGE: 28,31 %, F. Mitterrand: 25,84 %, G. Marchais: 15,34 %).

DEVAQUET, Alain (* 1942): Issu d'un milieu modeste, il fait de brillantes études scientifiques et une rapide carrière universitaire: attaché (en 1962), puis chargé de recherche au CNRS (Centre national pour la recherche scientifique), il est depuis 1974 professeur à l'École polytechnique, la plus prestigieuse des Grandes Écoles. La politique universitaire le mène à la politique tout court. Depuis 1978, il est député de Paris, en 1978/79 secrétaire général du *RPR*, et depuis 1983 maire du XIe arrondissement. Ministre délégué chargé de la Recherche et de l'Enseignement supérieur en 1986. Il fait partie des quelques leaders du *RPR* qui refusent depuis toujours tout compromis avec le *Front National*.

FABIUS, Laurent (* 1946): Élève et étudiant extrêmement brillant, il est élu député socialiste du département Seine-Maritime en 1978. Membre du gouvernement dès 1983, il est, de 1984 à 1986, le plus jeune chef de gouvernement depuis un siècle. Président de l'Assemblée nationale depuis 1988. Tête de liste du PS aux élections européennes en 1988.

GISCARD D'ESTAING, Valéry (* 1926): Issu d'une famille fortunée, VGE fait de brillantes études avant d'entrer en politique où il fait carrière très rapidement. Élu député dès 1956, il est nommé secrétaire d'État (1959), puis ministre des Finances (1962–65), par le général de Gaulle. Peu à peu, il prend ses distances par rapport au gaullisme et fonde en 1966 le *Parti républicain* dont il fait un instrument de conquête du pouvoir. De 1969 à 1974 de nouveau ministre de l'Économie et des Finances. En 1974, la faiblesse relative et surtout la division des gaullistes après la mort de G. Pompidou, président de la République, lui permettent de devancer au premier tour le candidat gaulliste, J. Chaban-Delmas – et ce avec le soutien de J. Chirac et d'autres députés gaullistes – et de battre de justesse, au 2e tour le candidat commun de la gauche, F. Mitterrand (50,8 % contre 49,2 %). Son échec aux présidentielles de 1981, avec 48,2 % des voix au 2e tour, lui vaut une «traversée du désert» qui ne prend fin qu'en 1988. Se faisant, dès avant les élections de 88, le chantre et le moteur de l'union des droites, il réussit – après l'échec des deux candidats de la droite aux présidentielles et le succès de la stratégie d'union aux législatives – à jouer de nouveau un rôle politique de premier plan comme président de l'*UDF* et comme l'un des principaux animateurs de l'*URC*.

JOSPIN, Lionel (* 1937): Après un début de carrière au ministère des Affaires étrangères, il enseigne l'économie à l'Institut universitaire technologique de Paris-Sceaux (1970–81). Comme l'un des secrétaires nationaux du *Parti socialiste*, il s'occupe de différents secteurs tels que la formation, le Tiers monde et les Relations internationales, avant de succéder à F. Mitterrand comme premier secrétaire du *PS* (jusqu'en 1987). Il est élu député de Paris en 1981, en Haute-Garonne en 1986 et 1988. Depuis 1988, il est ministre de l'Éducation nationale, de la Jeunesse et des Sports, ministre d'État.

JUQUIN, Pierre (* 1930): Professeur (agrégé) d'allemand. Pendant de longues années, un des principaux leaders du *Parti communiste français* (membre du Comité central depuis 1964 et du Bureau politique de 1979 à 1985) et même son porte-parole, P. J. finit par se rapprocher de plus en plus des «rénovateurs»» ou «reconstructeurs», groupes communistes contestataires qui critiquent ouvertement et publiquement la direction du PCF. Après l'annonce de sa candidature aux élections présidentielles de 1988, alors que le *PCF* a choisi A. Lajoinie comme candidat, son parti estime qu'il s'est lui-même exclu du parti. Sa candidature, présentée comme *la* candidature anti-Le Pen, vise la constitution d'une «nouvelle gauche», conçue comme un vaste rassemblement de type «alternatif», un «mouvement rouge et vert», selon l'expression de P. J. lui-même.

LAJOINIE, André (* 1929): Exploitant agricole. Militant communiste sans histoires et sans éclat depuis 1948, A. L. gravit les échelons de la hiérarchie communiste. Membre du Comité central depuis 1972 et du Bureau politique depuis 1976, il s'occupe surtout de problèmes agricoles. Député de l'Allier depuis 1978, il devient président du groupe communiste à l'Assemblée nationale en 1981, avant de se voir confié, dans une période extrêmement difficile pour son parti, le rôle ingrat de candidat communiste aux élections présidentielles de 1988.

LÉOTARD, François (* 1942): Après un début de carrière préfectorale et ministérielle, il se consacre entièrement à la politique active. Maire de Fréjus depuis 1977, secrétaire général du *Parti républicain* depuis 1982 et ministre de la Culture de 1986 à 1988, F. L. envisage longtemps de se présenter aux élections présidentielles de 1988 avant de soutenir – parfois du bout des lèvres – la candidature de R. Barre.

LE PEN, Jean-Marie (* 1928): Étudiant en droit à la faculté d'Assas, l'un des fiefs de l'extrême droite estudiantine, J.-M. L. P. obtient sa première présidence: celle de la corporation des étudiants en droit de Paris. Dorénavant, il sera de tous les combats politiques de cette mouvance. Il ne néglige pas non plus les combats de rue. Il participe très activement aux guerres coloniales en Indochine et en Algérie, guerres qu'il glorifie encore aujourd'hui, allant jusqu'à faire l'apologie des pratiques de torture de cette époque. Candidat poujadiste, il est élu député en 1956. En 1964/65, on le retrouve secrétaire général du comité qui soutient la candidature d'extrême droite de Tixier-Vignancour à la présidence de la République. Depuis 1972, il est président d'un nouveau parti politique, le *Front national*. Les succès de ce parti sont certainement liés, en partie, à l'habileté démagogique de son leader qui, sait exploiter et renforcer certaines tendances «anti-immigrés» sinon franchement xénophobe et racistes. Il sait aussi faire appel aux réflexes sécuritaires, sans négliger les autres thèmes traditionnels de l'extrême droite que sont le soi-disant déclin démographique, la perte des valeurs «nationales» et religieuses, etc.

MARCHAIS, Georges (* 1920): Mécanicien de formation, il occupe, à partir de 1946, différents postes de secrétaire syndical C.G.T Membre du *PCF* depuis 1947, il entre en 1956 au Comité central et, en 1959, au Bureau politique. Secrétaire général du *Parti communiste français* depuis 1970/72, G.M. incarne les multiples changements de ligne politique de son parti depuis 20 ans, qui ont fini par porter atteinte à la crédibilité du *PCF* et l'amener à son niveau historique le plus bas lors des présidentielles de 1988. Pour ne citer que deux exemples: les changements à l'égard de l'Union soviétique et, surtout, par rapport au *Parti socialiste* considéré tantôt comme allié tantôt comme adversaire (Union de la gauche en 1972, rupture de l'Union en 1977, candidature Marchais contre Mitterrand en 1981, acceptation des communistes d'être les ministres de F. Mitterrand, démission des ministres communistes en 1984, etc.). Député du Val-de-Marne depuis 1973.

MAUROY, Pierre (* 1928): Professeur d'enseignement technique, P.M. milite d'abord surtout aux *Jeunesses socialistes* (secrétaire national de 1950–58), et fait carrière à l'intérieur de la *Section française de l'Internationale ouvrière* (*SFIO* = nom traditionnel du *Parti socialiste* jusqu'en 1969), avant d'adhérer au nouveau *Parti socialiste*. Maire de Lille depuis 1973, il est aussi régulièrement réélu député du Nord, depuis cette date. Premier ministre de 1981 à 1984. En 1988, il succède à L. Jospin au poste de Premier secrétaire du *PS*.

MÉHAIGNERIE, Pierre (* 1939): Ingénieur agronome. Issu d'une famille chrétienne-démocrate (père: agriculteur et député), il est élu député pour la première fois en 1973 et constamment réélu depuis, toujours en Bretagne. Conseiller général depuis 1976, maire de Vitré depuis 1977, président du Conseil général d'Ille-et-Vilaine, P. M. est bien implanté dans sa région et bien ancré dans le centrisme. Depuis son temps de secrétaire d'État (1976), puis de ministre de l'Agriculture (1977–81), il est plus apprécié comme bon technicien que comme tacticien politique. Président du *CDS (Centre des démocrates sociaux)* depuis 1982, il est ministre de l'Équipement, du Logement, de l'Aménagement du territoire et des Transports dans le gouvernement Chirac, de 1986 à 1988, et donne son nom à une loi libérant le prix des loyers. Sous son impulsion, les centristes décident en juin 1988 de quitter le groupe *UDF* à l'Assemblée nationale et de constituer leur propre groupe parlementaire de l'*UDC*.

MITTERRAND, François (*1916): Après des activités de Résistance, F.M. est membre du gouvernement dès 1944, et ministre en 1947. Plusieurs fois ministre sous la IVe République (1946–58), il réussit après 1958 à s'imposer comme un des leaders de l'opposition au général de Gaulle. Candidat *unique* de la gauche en 1965, il impose le ballotage à son adversaire et obtient le score, sensationnel pour l'époque, de 45%. De 1965 à 1968, il préside la *Fédéra-*

tion de la gauche démocrate et socialiste (FGDS), et en 1970/71 la *Convention des Institutions républicaines*. En 1971, il devient premier secrétaire du nouveau *Parti socialiste* (fondé en 1969/71) qu'il engage dans la voie de la coopération avec le *Parti communiste* et le *MRG*, le *Mouvement des radicaux de gauche* («Union de la gauche»), axée sur un *Programme commun de gouvernement*. Candidat *commun* de la gauche en 1974, il obtient 49,2 % des voix face à VGE. Malgré (ou grâce à ?) la rupture de l'Union de la gauche et la candidature de G. Marchais, il l'emporte aux présidentielles de 1981, avec 51,8 % des voix au 2e tour, face à VGE, score nettement dépassé en 1988: 54 % des voix au 2e tour, face à J. Chirac.

PASQUA, Charles (* 1927): Après avoir fait preuve de courage comme très jeune résistant, ce représentant de commerce milite pendant longtemps dans différentes sections du *SAC, Service d'Action civique,* le «service d'ordre» gaulliste, dont il est, pendant de longues années, l'un des principaux dirigeants. Cette organisation est interdite en 1982, après une tuerie. C. P. occupe de nombreux postes au cours de sa longue carrière, entre autres: secrétaire national, puis secrétaire national adjoint du mouvement gaulliste (1974–76), président du groupe *RPR* au Sénat (1981–86). De 1986 à 1988, il est ministre de l'Intérieur. Il représente l'aile dure voire autoritaire du mouvement gaulliste mais s'est allié en 1989 à l'aile libérale du RPR contre Jacques Chirac.

ROCARD, Michel (* 1930): Bien qu'issu d'un petit parti qui s'est toujours situé nettement à gauche du *Parti socialiste (PS)*, le *Parti socialiste unifié (PSU)*, dont il est le président de 1967 à 1974, et qui soutient sa candidature à la présidence de la République en 1969, M. R. est considéré depuis longtemps comme un représentant du courant modéré à l'intérieur du *PS*. De son engagement autogestionnaire du temps du *PSU* et des premières années au *PS*, il lui est resté une profonde méfiance à l'égard de structures centralisatrices et la volonté de diminuer le poids du pouvoir étatique. De là aussi, son intérêt porté au rôle que la «société civile» devrait, selon lui, jouer en politique. Depuis 1977, il est maire de Conflans-Sainte Honorine, près de Paris. De 1981 à 1983, il est ministre du Plan et de l'Aménagement du territoire, de 1983 à 1985 ministre de l'Agriculture. En mai 1988, F. Mitterrand le nomme Premier ministre en lui assignant la tâche de mettre en œuvre la politique d'ouverture.

TOUBON, Jacques (* 1941): Député de Paris (depuis 1981), maire du XIIIe arrondissement et secrétaire général du *RPR* de 1984 à 1988, J.T., un des «jeunes loups» de son parti, passe pour être un des lieutenants les plus fidèles de Jacques Chirac. Après les législatives de 1988, il cède son poste de secrétaire général à A. Juppé (* 1945) et se donne ainsi les moyens d'une plus grande indépendance.

WAECHTER, Antoine (*1949): Docteur ès sciences biologiques, A.W. dirige, à partir de 1978, un bureau d'étude de l'environnement. Depuis 1980, il siège au Conseil économique et social d'Alsace, comme représentant de la *Fédération régionale des associations de protection de la nature et de l'environnement*, où sont regroupées une centaine d'associations. Depuis 1983, il est vice-président du conseil en question. En mars 1986, il est élu au Conseil régional d'Alsace. Fort du soutien de cette région où les écologistes sont mieux implantés qu'ailleurs, il s'impose de plus en plus comme un de leurs porte-parole nationaux, ce qui l'amène tout droit à la candidature présidentielle de 1988.

C   LES ÉLECTIONS DE 1989

Les élections municipales des 12 et 19 mars 1989

L'ouverture proposée par le nouveau gouvernement socialiste ne s'est pas réalisée dans les formes souhaitées au cours des premiers mois du deuxième septennat de F. Mitterrand. Pas davantage ne s'est réalisée l'union de la droite, bien au contraire. La division de la droite et la faiblesse du Parti communiste aidant, le pouvoir socialiste n'a pas rencontré d'obstacles majeurs bien qu'il ne dispose que de la majorité relative à Assemblée. Mais la stabilité de cette majorité allait être mise à l'épreuve à l'occasion des élections municipales de mars 1989.

Les municipales sont cependant un baromètre très problématique de la situation politique. Les particularités locales diffèrent trop d'une commune à l'autre pour qu'il soit permis de tirer, immédiatement, des conclusions nationales à partir d'une multitude de scrutins locaux. Le 1er tour ayant confirmé une grande stabilité du rapport de forces gauche-droite de 1984 à 1989, il restait à attendre le soir du 2ème tour, au cours duquel on départage, traditionnellement, vainqueurs et vaincus en fonction des résultats obtenus dans les villes de plus de 40 000 habitants.

S'il n'y a pas vraiment eu de vaincus, on peut dire, cependant, que ces élections ont surtout profité au Parti socialiste qui n'a perdu que sept villes au-dessus de 20 000 habitants et en a gagné 36, et qui a, dans l'ensemble, sensiblement amélioré son implantation locale.

En dehors du constat – problématique, on l'a dit – du rapport de forces actuel entre les partis politiques, on a pu tirer d'autres enseignements de ces municipales:

1° Les Français, appelés trop souvent aux urnes (législatives de 86, présidentielles et législatives de 88, scrutins comportant deux tours chacun) sont apparemment saturés de politique, comme en témoigne le taux très élevé d'abstentions: 27,18 % lors du 1er tour, record absolu pour des municipales depuis 1945.

2° Si le poids des personnalités et des influences locales a toujours été très important à l'occasion d'élections municipales, surtout dans les communes rurales et les petites villes, le fait que dans les grandes villes, dont Lyon et Marseille, respectivement deuxième et troisième ville de France, des candidats auto-déclarés, aient pu l'emporter sans l'investiture de leur parti, et parfois même contre un candidat de leur propre camp, pose un grave problème aux partis politiques. Ceux-ci doivent s'interroger sur leur capacité d'intégration.

Affaire à suivre, et ceci d'autant plus que le soir du deuxième tour des municipales, dautres élections étaient, déjà, à l'ordre du jour: les élections européennes.

Robert Fonteret, juillet 1989

Vocabulaire

26 **départager vainqueurs et vaincus** déterminer vainqueurs et vaincus   57 **sans l'investiture** (n.f.) **de leur parti** sans avoir été nommés par leur parti

Les élections européennes de juin 1989 et l'avenir du système des partis politiques français

Les élections européennes se déroulant selon le mode de scrutin proportionnel et ne mettant pas en jeu l'équilibre politique national, on ne peut guère imaginer meilleure méthode que ces élections-là pour obtenir une radioscopie fidèle des attitudes et options politiques du moment, radioscopie que l'on obtiendra en analysant les résultats reproduits ci-dessous. Or, en étudiant le texte de Daniel Colard, on pourra plus facilement intégrer sa propre analyse dans le contexte plus vaste d'une éventuelle restructuration du système des partis politiques français.

Vocabulaire
8 **la radioscopie** Röntgenaufnahme   9 **une option** possibilité, choix

Les résultats

	VOIX	%	SIÈGES
UDF-RPR (M. Giscard d'Estaing)	5 241 354	28,88	26
PS (M. Fabius)	4 284 734	23,61	22
FN (M. Le Pen)	2 128 589	11,73	10
Verts (M. Waechter)	1 922 353	10,59	9
Centre (Mme Veil)	1 528 931	8,42	7
PC (M. Herzog)	1 399 939	7,71	7
Chasse, pêche et tradition (M. Goustat)	749 614	4,13	
Lutte ouvrière (Mme Laguiller)	258 511	1,42	
Protection des animaux (Mme Alessandri)	188 537	1,03	
Alliance (M. Joyeux)	136 311	0,75	
Mouvement pour un parti des travailleurs, MPTT (M. Gauquelin)	109 476	0,60	
Rénovateurs (M. Llabres)	74 503	0,41	
Génération Europe (M. Touati)	58 882	0,32	
Rassemblement pour une France libre, RFL (M. Cheminade)	32 311	0,17	
Initiative pour une démocratie européenne, IDE (M. Biancheri)	31 542	0,17	

Le scrutin européen du 18 juin 1989 et la rénovation de la vie politique française

Campagne électorale molle, opinion publique difficile à mobiliser, absence d'enjeu de pouvoir, scrutin inutile intervenant après une dizaine de consultations électorales en 14 mois, les élections pour élire les 81 représentants du Parlement de Strasbourg, sous ses dehors peu attrayants, auront en réalité été riches d'enseignements. En tout cas, en ce qui concerne non pas la construction de l'Europe, mais la «recomposition», comme l'on dit depuis quelques mois, du paysage politique français. Cette élection se déroulait, rappelons-le, au scrutin proportionnel dans le cadre national, les listes ayant obtenu 5 % des suffrages exprimés participant seules à la répartition des sièges. La proportionnelle est en France un mode de scrutin d'exception, les élections présidentielles et législatives se déroulent en fait au scrutin majoritaire uninominal à deux tours.

L'avantage de ce système est de permettre, à l'occasion des européennes, aux petites formations politiques de mesurer le poids réel qu'elles représentent dans le pays. D'où le grand nombre de listes en présence. On en dénombrera exactement quinze. Parmi celles-ci, six listes seulement obtiendront des sièges, mais la liste représentant les «chasseurs et les pêcheurs» faillit franchir la barre des 5 % des suffrages exprimés.

L'avenir de chaque parti politique paraissait plus important aux électeurs que celui de la Communauté Européenne. Cela étant, la compétition électorale européenne française eut le grand mérite de mettre à jour, à droite comme à gauche, la crise du système politique français.

En effet, pendant longtemps quatre grandes familles politiques se partageaient les trois quarts des suffrages : à gauche, le couple PS-PCF équilibrait le couple RPR-UDF. La symétrie était presque parfaite. Cette bipolarisation qui dominait la Ve République n'existe plus.

La balkanisation de la vie politique

Notre analyse des résultats ne portera que sur les listes ayant obtenu des sièges et non sur les neuf formations marginales.

La première remarque importante concerne l'abstention massive des électeurs : elle atteint plus d'un électeur sur deux, soit 51,27 %.

Outre ce faible taux de participation notons que deux Français sur trois n'ont pas voté pour des partis classiques et qu'un tiers des électeurs a voté pour des partis qui ne sont pas représentés à l'Assemblée nationale (écologistes, extrême droite et extrême gauche, Front national).

Examinons maintenant les résultats globaux et l'ordre d'arrivée – en voix et en sièges – des six grandes listes en présence. La liste d'union de l'opposition – UDF-RPR – dirigée par Giscard d'Estaing a gagné son double pari : arriver en tête devant la liste socialiste et approcher 30 % des voix. Elle obtient 26 sièges sur 81 et totalise 28,88 % des suffrages.

En deuxième position arrive la liste socialiste dirigée par Laurent Fabius, président de l'Assemblée nationale. Elle recueille 23,61 % des voix et 22 sièges. Si elle fait mieux qu'en 1984 (+ deux sièges), elle est distancée de 5 points par la liste UDF-RPR, ce qui constitue un échec à la fois pour le parti au pouvoir et pour un futur candidat à la succession du chef de l'État. Échec cuisant même, puisque l'intéressé avait fixé l'objectif autour de 25–30 %.

Le Front national, conduit par Jean-Marie Le Pen, se retrouve troisième avec près de 12 % des suffrages et 10 sièges devant les listes écologiste, centriste et communiste. Son score est pratiquement stable par rapport à 1984, date à laquelle le FN avait fait son apparition sur la scène politique. Si Jean-Marie Le Pen est en recul par rapport aux présidentielles (14,39 %), il confirme l'influence persistante de l'extrême droite mais ne mord pas davantage, comme il l'espérait, sur l'électorat de la droite (RPR-UDF).

En quatrième position, on trouve la liste des Verts conduite par Antoine Waechter: 10,59 % des voix et 9 sièges à Strasbourg. Avec 11 % des électeurs, les écologistes non seulement parviennent pour la première fois à franchir la barre des 5 %, mais rejoignent les grands de la politique française. L'émergence des Verts comme force autonome constitue un événement aussi important que celle du Front national en 1984. Les deux partis n'ont actuellement aucune représentation à l'Assemblée nationale élue en 1988. L'électorat de Waechter – majoritairement issu de la gauche - ampute en partie celui du PS ou du PCF et pose la question des alliances pour l'avenir. On retrouve le problème posé au SPD en RFA: faut-il conclure un accord de gouvernement avec les écologistes ou non? L'alternance au pouvoir est-elle possible sans les Verts?

La liste du Centre dirigée par Mme Veil n'obtient que la cinquième place: 8,42 % et 7 sièges. Elle a perdu son pari puisqu'elle espérait faire un score supérieur à 10 % et se rapprocher de la barre des 15 %. Soutenue par les «rénovateurs» qui n'ont pas osé former leur propre liste, c'est-à-dire les quadragénaires du RPR et de l'UDF qui contestent les appareils en place et dénoncent la «guerre des chefs» (Giscard, Barre, Chirac), appuyée par l'Union du Centre (UDC) de Pierre Méhaignerie, Mme Veil subit un échec ou un demi-échec. La création d'un parti centriste puissant, capable éventuellement de s'allier au PS, perd toute crédibilité au lendemain du 18 juin. Surtout le Front national et les Verts devancent nettement les centristes. Le CDS (Centre des Démocrates sociaux) de P. Méhaignerie fait toujours partie de l'UDF, même s'il dispose depuis 1988, avec l'Union du Centre, d'un groupe parlementaire à l'Assemblée nationale. En 1984, l'opposition avait présenté une liste unique qui obtint 43 % des suffrages; en 1989 la liste Veil plus la liste Giscard ne recueillent que 37 % des voix.

En queue de peloton, figure la liste du Parti communiste conduite par Philippe Herzog: elle obtient 7,71 % des voix et 7 sièges. Cette sixième et dernière place confirme le lent et constant déclin du parti de Marx et de Lénine. Ce parti qui rassemblait près de 25 % sous la IV^{éme} République avait encore totalisé 11,4 % en 1984 et 9-10 % aux législatives de 1988. Les communistes retrouvent leur électorat de 1932! En voie de marginalisation, le PCF ne peut plus masquer son déclin historique.

En résumé, la victoire relative de Giscard, la défaite de Fabius, le maintien de Le Pen, le demi-échec de Simone Veil, la percée de Waechter et le déclin de Herzog modifient en profondeur le jeu des partis qui n'est plus dominé par «la bandes des quatre» (PS-PCF/RPR-UDF). Cette situation pose autant de problèmes à la droite qu'à la gauche.

Les politologues et les observateurs sont tous d'accord sur le diagnostic: la France traverse une crise politique qui affecte les vieux partis, les appareils, les leaders, les idéologies classiques (libéralisme, socialisme, marxisme). Le système politique de la Ve République ne cesse de se transformer depuis la rupture de l'Union de la gauche en 1984, union fondée sur l'alliance électorale et programmatique PC-PS conclue en 1972 avec le Programme commun de gouvernement.

La décomposition du paysage politique est plus visible et plus grave à droite. Ses partis – RPR et UDF (formée essentiellement du Parti républicain, du CDS et du Parti radical) – ont perdu deux élections présidentielles successives en 1981 et 1988 et deux élections législatives, la cohabitation des années 1986-1988 avec le gouvernement Chirac ne constituant qu'une parenthèse. La cause fondamentale de ces échecs est connue: la division de l'opposition, incapable de présenter un candidat unique, et la guerre des chefs. D'où la naissance au printemps 89 d'un groupe de «rénovateurs» bien décidés à faire bouger les choses pour redonner à l'opposition sa crédibilité dans la perspective d'une alternance. L'organisation de la rénovation doit se faire à partir d'une stratégie d'union de l'opposition. Les européennes devaient servir de test; il n'en a rien été puisque la liste Veil a refusé de faire liste commune avec le RPR et L'UDF.

L'échec du Centre permet aux appareils de contenir la contestation des rénovateurs, d'autant plus que l'UDF de Giscard et le RPR de Chirac ont enfin compris qu'ils étaient condamnés à s'entendre et à se moderniser pour survivre. Immédiatement après le 18 juin, Giscard d'Estaing a proposé au RPR de fusionner avec l'UDF, ce que Chirac a refusé en disant qu'il était trop tôt d'envisager la création d'une formation commune de l'opposition. Par contre, le leader du RPR acceptera désormais l'existence de courants – comme au PS – à l'intérieur de son parti.

On réunira à l'automne 89 ou au printemps 90 des «États généraux de l'opposition» pour déterminer une stratégie, et à la rentrée on créera un intergroupe à l'Assemblée nationale. Aucune élection nationale importante n'ayant lieu avant 1993, l'opposition a trois ans devant elle pour se réorganiser et se moderniser.

À gauche, la réorganisation devient aussi, malgré les apparences et l'exercice du pouvoir, un impératif catégorique, pour le Parti socialiste en tout cas. Outre l'énorme problème posé par la succession de François Mitterrand, avec tous les risques que cela peut entraîner (querelles de personnes, éclatement du PS, rivalités des tendances et des courants), les socialistes ne peuvent pas gouverner seuls: ils ne représentent qu'entre 25 et 30 % de l'électorat. Le PCF étant en état de décomposition avancée, une alliance avec lui n'a plus grand sens et serait de toute façon insuffisante. Avec qui alors exercer la responsabilité du pouvoir? Les résultats des européennes laissent entrevoir deux modèles possibles mais différents et peu rassurants: avec les Verts ou avec le Centre.

L'union avec les centristes n'est pas très crédible, vu le score obtenu par Mme Veil: moins de 9 %. Entre un centre qui a du mal à exister et un PC faiblissant, les socialistes s'interrogent sur l'élargissement de la majorité, face à un concurrent écologiste imprévisible. Le PS pourrait-il s'élargir en englobant les Verts et le Centre? L'opération serait très compliquée. Les électorats ne sont pas les mêmes, les programmes sont différents, les idéologies – ou ce qu'il en reste – antagonistes.

La crise de la représentation appelle une métamorphose des formes traditionnelles de la démocratie. Les Français et les partis en sont conscients. Ils ont jusqu'en 1993 pour y réfléchir, 1993 date symbolique qui verra la création d'un «espace européen sans frontières, c'est-à-dire la réalisation du grand marché commun de 322 millions de consommateurs. L'Assemblée nationale élue en 1988 sera renouvelée en effet dans cinq ans si elle va à terme. Le gouvernement ne disposant que d'une majorité relative, on ne peut exclure une dissolution qui serait le résultat d'une motion de censure déposée par la droite et à laquelle s'associerait le parti communiste. Nous sommes entrés dans une période d'incertitude qui ne prendra fin qu'avec le processus de rénovation politique actuellement en pleine évolution.

© Daniel Colard, manuscrit dont la traduction allemande a paru in *Dokumente* 4/1989: Auch Frankreich sucht Regierungsmehrheiten

Vocabulaire

9 **les dehors** (m) les apparences   13 **la recomposition** *Neuformierung*   41 **mettre à jour** *ici:* révéler   50 **la balkanisation** éclatement en groupuscules   53 **marginal,e** qui a peu d'importance   71 **gagner son pari** *ici:* atteindre son but   84 **cuisant,e** douloureux,se   93 **être en recul** *ici:* perdre des électeurs   95 **persistant,e** durable   96 **mordre sur l'électorat de la droite** enlever des électeurs à la droite   106 **une émergence** apparition   158 **le/une quadragénaire** personne âgée d'à peu près 40 ans   147 **figurer en queue de peloton** *ici: das Schlußlicht bilden*   169 **la déclin** *Niedergang*   169 **la décomposition** *Auflösung*   173 **affecter** toucher   212 **contenir** *ici:* contrôler   260 **englober** *einschließen, einverleiben*   264 **antagoniste** (adj. et n.m/f) opposé, contraire   275 **aller à terme** *ici:* durer jusqu'à la fin officielle de législature   279 **déposer une motion de censure** *Mißtrauensantrag einbringen*

D Les partis politiques en 1990

Un survol

Malgré l'échec de la politique d'ouverture, le gouvernement Rocard a connu une étonnante stabilité. Cela est dû, en bonne partie, à la division de l'opposition. Or, les tentatives pour surmonter ce qui sépare les différentes composantes de la droite, se multiplient en ce printemps 1990. D'un côté, il y a notamment la *Force unie* lancée par quelques leaders plus jeunes des partis d'opposition, tels que Michel Noir et François Léotard. De l'autre côté, les ténors traditionnels comme Jacques Chirac et V. Giscard d'Estaing se prononcent, eux aussi, pour un rapprochement incluant la nomination d'un candidat commun lors des prochaines élections présidentielles. Dans ce contexte, on évoque souvent l'idée d'une «confédération» entre le *RPR* et l'*UDF*.

Du côté *communiste* le déclin électoral continue, les débats internes sur la ligne à suivre aussi. Or, il ne se dégage ni de majorité ni de leader(s) capable(s) de mener une autre politique que celle pratiquée par la direction souvent contestée, mais apparemment inamovible. Le PCF critique de plus en plus le gouvernement à cause de sa politique économique et sociale qu'il juge très sévèrement.

Les *socialistes*, de leur côté, sont en train de traverser une crise assez grave. Divisé par des rivalités internes, le Parti socialiste s'est montré incapable, lors de son dernier congrès, au mois de mars, de dégager une majorité et d'élire une nouvelle direction. Celle-ci a dû être désignée plus tard, hors-congrès. Les ambitions présidentielles de leaders comme Fabius, Jospin et Mauroy – sans oublier Michel Rocard – semblent l'emporter sur le minimum de solidarité nécessaire à tout parti politique.

Du côté des *formations non-socialistes* représentées dans le gouvernement, on ne cache pas ses envies de mieux s'organiser. Brice Lalonde, ministre de l'Environnement, ne veut pas laisser le champ écologique libre aux *Verts* et compte lancer son propre mouvement: *Génération Écologie*. Par ailleurs, un certain nombre de personnalités, dont le président des *Radicaux de gauche* ainsi que Michel Durafour, un des ministres de l'ouverture, ont créé une coordination nationale pour un nouveau mouvement: la *France unie*. Ce nom renvoie au slogan de F. Mitterrand lors de la dernière élection présidentielle; il exprime aussi une certaine volonté de dialogue avec l'opposition par-delà les clivages tels qu'ils se sont instaurés depuis 1988. L'écho favorable qu'a trouvé cette initiative jusque dans les rangs centristes confirme la tendance générale à la réorganisation et à la restructuration des partis politiques.

Si tout cela peut ressembler à des jeux politiciens sans grande importance pour la vie des Français, il y a aussi des enjeux. Parmi eux figurent en tout premier lieu l'immigration et la montée du racisme et de l'antisémitisme. Le fait que ce soient ces thèmes-là qui occupent le devant de la scène constitue à lui seul une victoire du *Front national*. Un autre triomphe des lepénistes: À Dreux, leur candidate, Marie-France Stirbois, l'a emporté avec 60 % des voix au deuxième tour des élections législatives en faisant fortement vibrer la corde de l'«identité nationale». Un parti et un thème que l'on sera bien obligé de suivre de près.

Robert Fonteret, mai 1990

Vocabulaire

14 **ténor** ici: personalité importante, de premier plan   22 **le déclin** *Abstieg, Verfall*   28 **inamovible** personne dont on pense qu'on ne peut l'obliger de quitter son poste, ses fonctions   50 **laisser le champ libre à qn** abandonner le terrain à qn   61 **le clivage** division, séparation   62 **(s')instaurer** (se) créer, (s')établir   80 **faire vibrer la corde de ...** faire appel au sens de ...

Les partis politiques face aux problèmes de l'immigration et du racisme

Les états généraux de l'opposition sur l'immigration

Fin mars-début avril 1990, l'opposition a organisé une grande réunion sur les problèmes de l'immigration. Pendant longtemps, on pouvait avoir l'impression que les différences étaient énormes sur ce point entre centristes d'un côté et le RPR et l'UDF de l'autre; il s'agissait donc de trouver un terrain d'entente entre ces formations. Si des divergences subsistent toujours – les centristes continuent à s'opposer à la «préférence nationale» (le fait de réserver certaines prestations sociales aux seuls citoyens français) – elles semblent moins importantes que ne laissaient l'entendre toutes les prises de positions antérieures. Voici quelques extraits du document de synthèse publié à l'issue de ces états généraux:

Nous affirmons que la France ne peut plus être un pays d'immigration.
[...] Il faut renforcer les contrôles, non seulement aux frontières, mais également à l'intérieur du pays par des contrôles d'identité. Il faut améliorer le contrôle des visas touristiques à l'entrée et à la sortie du territoire national grâce à la création d'un fichier informatique.

Nous affirmons notre volonté de mieux contrôler les entrées sur notre territoire et de créer les conditions d'une vraie connaissance de l'immigration.
[...] Le regroupement familial apparaît comme la première source d'immigration régulière en France. Longtemps considéré comme un élément de stabilisation, il pose par son ampleur des problèmes très réels de logement, de scolarisation et d'encadrement social. Faute d'un contrôle suffisant de la part de l'état et des collectivités locales, il accroît les tensions et les manifestations de rejet dans certains centres urbains.

En ce qui concerne les droits sociaux, il ne saurait être question de remettre en cause les droits qui sont la contrepartie du travail et des cotisations sociales.
En ce qui concerne les avantages sociaux qui correspondent aux principes de solidarité nationale et qui sont financés sur le budget de l'État, l'opposition estime (sous réserve du CDS) que, comme c'est le cas aujourd'hui, ils peuvent être légitimement liés à des conditions de durée de résidence, de nationalité et de réciprocité.
Être étranger en France, ce n'est pas avoir automatiquement et intégralement tous les droits liés à la citoyenneté française. Sur ce point, le CDS affirme sa volonté de voir traiter les étrangers à égalité avec les Français dans tous les domaines de la protection sociale.

On ne devient pas Français sans le savoir ni le vouloir.
La nationalité doit être demandée par le jeune étranger: elle n'est plus accordée automatiquement, même si elle ne peut être refusée. Elle est conditionnée à une obligation de séjour préalable en France d'au moins 5 ans. Mais l'intégration implique aussi que le jeune étranger qui devient Français accepte pleinement les devoirs attachés à cet état, notamment l'accomplissement du service national en France. Il doit être clair enfin que cette logique de l'intégration par l'acquisition de la nationalité interdit formellement d'admettre le principe du droit de vote des étrangers en France. Le droit de vote doit rester un droit indissociablement lié à la citoyenneté française.

Le Monde, 31 mars 1990

Vocabulaire

31 **le fichier** *Kartei,* Datei   37 **le regroupement familial** *Familienzusammenführung, -nachzug*   41 **le rejet** *Ablehnung, Zurückweisung*   51 **les cotisations sociales** *Sozialabgaben wie Arbeitslosen-, Kranken- und Rentenversicherung*   55 **sous réserve de** *ici:* à l'exception de   62 **la citoyenneté** le fait d'être citoyen, ressortissant d'un pays   78 **l'accomplissement du service national** *Ableisten des Wehr- (bzw. des Ersatz-) dienstes*   85 **indissociablement** *unauflöslich*

La loi sur la répression du racisme, de l'antisémitisme et de la xénophobie

Si, dans tous les partis politiques, on se penche sur les problèmes liés à la présence sur le sol français d'un grand nombre d'étrangers, les préoccupations ne sont pas tout à fait les mêmes à droite et à gauche. Les uns mettent l'accent sur le «seuil de tolérance» – en clair: sur le nombre d'étrangers que la société française peut et veut accepter –, les autres s'inquiètent plutôt de la montée de l'intolérance de type raciste, antisémite et xénophobe. C'est dans ce contexte que le Parti communiste a présenté une proposition de loi adoptée grâce au soutien des socialistes. En voici les principales dispositions:

Le racisme est un délit. Ce n'est pas nouveau: la loi du 1er juillet 1972 a introduit dans le code pénal et dans la loi du 29 juillet 1881 sur la liberté de la presse diverses peines pour tout fait ou imprimé fondé sur une discrimination raciale. Le texte discuté hier à l'Assemblée nationale vise à frapper plus dur et plus large.

D'abord: «*renforcer la répression des infractions existantes.*» Les cas de refus de bénéfice d'un droit, de la part d'une personne ou d'une autorité, de refus de fournir un bien ou un service, de discrimination à l'emploi et d'incitation à la discrimination, à la haine ou à la violence raciales étaient jusqu'alors passibles de peines d'emprisonnement (de fait inappliquées) ou d'amendes. L'auteur de ces délits pourrait désormais être, en outre, frappé d'inéligibilité pour une durée maximum de cinq ans et d'interdiction d'accès à des emplois publics. Cette peine d'inéligibilité ne sera pas applicable aux auteurs des délits d'injures et de diffamations raciales pourtant plus faciles à établir.

Mais la nouvelle loi devrait aussi permettre de considérer comme un délit le «*révisionnisme*», soit l'ensemble de thèses visant à nier le génocide juif pendant la Seconde Guerre mondiale, et de le punir comme tel: de 2 000 à 300 000 francs d'amende et/ou de un mois à deux ans de prison.

Enfin, toutes les associations «*ayant pour objet d'assister les victimes de discriminations fondées sur leur origine nationale, ethnique, raciale ou religieuse*» devraient désormais pouvoir se porter partie civile en cas d'infraction à caractère raciste.

Libération, 3 mai 1990

Vocabulaire

21 **le code pénal** *Strafgesetzbuch* 23 **l'imprimé** (m.) ici: *Druckerzeugnis* 28 **l'infraction** (f.) *Zuwiderhandlung, Verstoß* 32 **l'incitation** (f.) à *Anstiftung zu* 34 **être passible d'une peine de**... entraîner une peine de... 36 **l'amende** (f.) somme à payer à la suite d'une infraction 37 **l'inéligibilité** (f.) interdiction de se présenter à une élection 43 **établir** ici: prouver 47 **le génocide** extermination d'un peuple 56 **se porter partie civile** porter plainte

Les immigrés face aux partis politiques

Depuis quelques années, l'immigration doit être considérée (et est considérée par les partis) comme un des thèmes majeurs de la politique française. Plus rares sont les tentatives de savoir quel serait le comportement des immigrés si l'occasion leur était offerte de passer du statut d'objet à celui de sujet de la politique française: Que pensent-ils du droit de vote? Quels hommes politiques préfèrent-ils? Pour quels partis voteraient-ils? L'Express a mené l'enquête:

Les immigré et le droit de vote

Sans avoir la nationalité française, souhaitez-vous ou non avoir le droit de vote en France pour...

	Oui	Non	Sans Opinion
Les élections municipales	66%	26%	8%
Les élections législatives	51	37	12
L'élection présidentielle	57	35	8
L'élection au Parlement européen	52	37	11

Si vous aviez eu le droit de vote aux élections municipales l'année dernière, pour quelle liste auriez-vous voté dans votre commune?

Liste de gauche (Parti socialiste, Parti communiste)	41 %
Liste UDF-RPR	11
Liste du Front national (de J.-M. Le Pen)	1
Une autre liste	4
Ne serait pas allé voter	8
Ne sait pas	27
Sans réponse	8

Si vous aviez eu le droit de vote à l'élection présidentielle, auriez-vous voté pour Jacques Chirac ou pour François Mitterrand?

Pour Jacques Chirac	8 %
Pour François Mitterrand	67
Ne serait pas allé voter	4
Ne sait pas	14
Sans réponse	7

Quel et le parti politique en France pour lequel vous avez le plus de sympathie?

Parti communiste	4 %
Un mouvement d'extrême gauche	1
Parti socialiste	51
Mouvement écologiste	4
UDF	2
RPR	5
Front national	1
Aucun	8
Ne connaît pas les partis	12
Sans réponse	12

L'Express – 23 mars 1990

Bildquellen

© Actuel, S. 47 – © Alternatives Economiques, S. 66 (unten) – © Apollon, S. 9 – © Batellier, S. 58 (rechts) – © C. Charillon-Paris, S. 58 (links) – © Cornelsen: Mouginot, S. 11, S. 19, S. 20 (oben links), S. 20 (oben rechts), S. 20 (unten links), S. 20 (unten rechts), S. 32, S. 33 (Mitte), S. 33 (unten links), S. 33 (unten rechts), S. 38 – © Documentation Française: Freund, S. 69 (oben), Fourneaux, S. 75 (unten) – © L'Evénement du Jeudi, S. 61 – © L'Evénement du Jeudi: Tignous, S. 62 – © L'Express: Tim, S. 66 (oben) – © Libération: Willem, S. 75 (oben) – © Magnum/Focus: Gaumy, S. 51 – © Le Nouvel Observateur: Wiaz, S. 63, Wolinski, S. 35 (unten) – © Plantu, S. 43, S. 73 (oben), S. 73 (Mitte), S. 73, (unten) – © Le Progès, S. 21 – © Le Progrès: Du Bouillon, S. 85 – © Rapho/Focus: Pavlovsky, U1.

Nicht alle Copyrightinhaber konnten ermittelt werden; deren Urheberrechte werden hiermit vorsorglich und ausdrücklich anerkannt.